中国因他们而改变

肖培根传

汤国星◎著

中国科学技术出版社
·北京·

图书在版编目(CIP)数据

肖培根传 / 汤国星著 . -- 北京 : 中国科学技术出版社 , 2025.4. --(中国因他们而改变). -- ISBN 978-7-5236-1373-3

Ⅰ . K826.2

中国国家版本馆 CIP 数据核字第 2025JF8038 号

总 策 划	秦德继　宁方刚
策划编辑	周少敏　徐世新
责任编辑	彭慧元
装帧设计	中文天地
责任校对	张晓莉
责任印制	徐　飞

出　　版	中国科学技术出版社
发　　行	中国科学技术出版社有限公司
地　　址	北京市海淀区中关村南大街 16 号
邮　　编	100081
发行电话	010-62173865
传　　真	010-62173081
网　　址	http://www.cspbooks.com.cn

开　　本	787mm×1092mm　1/32
字　　数	143 千字
印　　张	8.25
版　　次	2025 年 4 月第 1 版
印　　次	2025 年 4 月第 1 次印刷
印　　刷	河北鑫兆源印刷有限公司
书　　号	ISBN 978-7-5236-1373-3 / K・480
定　　价	58.00 元

(凡购买本社图书,如有缺页、倒页、脱页者,本社销售中心负责调换)

肖培根传

肖培根（前排中）与巨声篮球队同学赛后合影

1954年，肖培根（左二）坐马车行进在河北省张北野外采集路上

1958年，肖培根陪同保加利亚植物学专家在吉林调查野山参

肖培根夫妇和女儿们

1961年,肖培根在藏医药发源地门孜康藏医院与嘎玛曲培(左一)、益西坚赞(右一)药师合影

1974年，肖培根在埃及进行药用植物及草药考察

肖培根在西藏罗布林卡

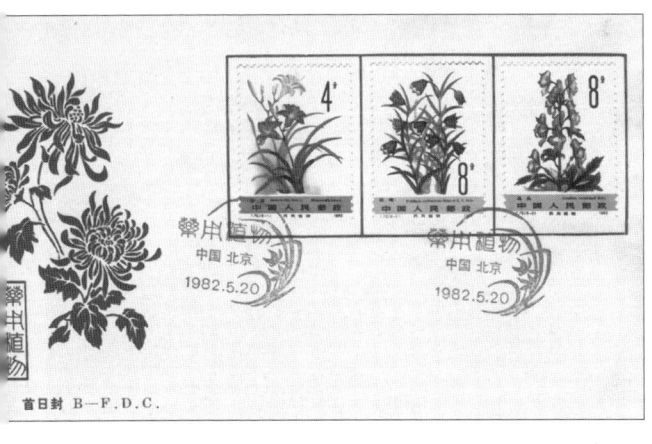

1982年发行的药用植物首日封及特种邮票，中为暗紫贝母

1986年,世界卫生组织总干事中岛宏授予药植所"世界卫生组织传统医学合作中心"

1988年年底,泰国公主朱拉蓬在药植所作学术报告,肖培根现场口译

肖培根（右）与马里药师讨论当地草药

在世界卫生组织工作之余小憩

答谢恩师座谈会

再访邱园

目录

武湖世家　016

烽火岁月　026

厦大学子　034

迎接新时代　046

立业成家　062

又红又专的翻译　076

天降大任　084

发现新属种　102

创立新学科　108

蹉跎岁月　130

创建药植所　148

走遍非洲　164

面向世界　176

友好特使　188

架桥港澳台　194

自学四国语　206

延年中药　218

别样茶　228

再展宏图　236

桃李芬芳　250

武湖世家

说起武汉的湖,耳熟能详的自然是珞珈山下的东湖,而位于黄陂区内的武湖知者不多。其实早在东汉时期,武湖就已声震长江南北。那时的武湖,烟波浩渺,南通长江,北连滠水。因江夏太守黄祖在此习练水军,原本的"黄汉湖",改为"演武湖",继之"武湖"。湖区有7个河口,港汊纵横,湖泊内水生生物资源丰富,是湖北省著名的鱼米之乡,湖泊水域面积约30.6平方千米、汇流面积约750平方千米。据考证,唐代大诗人崔颢的《黄鹤楼》中"日暮乡关何处是?烟波江上使人愁"的烟波江上正是描述武湖烟涨的美景。

武湖风光旖旎,土地肥沃,水陆通达,可谓风水宝地。明朝初年,为恢复生产,鼓励移民耕垦,朱元璋在两湖地区实行放宽赋税的政策,吸引江西移民。这就是有名的"江西填湖广"的洪武大迁徙。1369年,即洪武二年,来自江西省吉安县的八叶堂肖氏一支(依今惯用,原萧改为肖,下同),据说由元朝至正年间进士肖武营带领,从江西吉安瓦屑坝一路走到武湖,见此佳境遂安家落户。从此,肖家在此地繁衍生息、开枝散叶,很快成为黄陂县武湖地区的望族。为什么说很快呢?因为仅37年后,这个移民家族便出了一个新朝进士肖昇(1406年,明永乐四年),官拜都察院右副都御史,正三品。

明清时期有非常严格的科举选拔人才制度，以保障最优秀的人才成为政府干部。因此，便有"非进士不入翰林，非翰林不入内阁"的规矩。简单地说，即使在由皇帝主持的考试（殿试）中了进士，仍不能做大官，只有进入翰林院历练几年，才有机会出阁入相，真正实现"鲤鱼跳龙门"。到了清代，黄陂武湖高车畈肖氏家族人才辈出，以六位进士、六位翰林，成为武汉三镇闻名遐迩的翰林村。

在"出身正途"的武湖肖氏知识分子中，如今仍有影响者，只有举人出身的肖延平，即药用植物学家肖培根院士的祖父。

当今关于肖延平先生的信息颇多。肖延平（1860—1933）字北承，黄陂武湖高车畈人。清举人，曾任应城石膏局总办、国会参议院议员。1923年任武昌医学馆馆长，校勘印行唐代抄本《黄帝内经太素》，著有《心学平议》。

走进肖延平先生的世界，我们看到一个在权力中枢边缘的真正儒者，如何身体力行"达则兼济天下，穷则独善其身。为天地立心，为生民立命，为往圣继绝学"的中国传统文人的德行。肖延平先生洞悉时代潮流，思想豁达超前，引领家族在时代巨变之际，实现了化茧成蝶般的历史转变。

在湖北档案馆保存的肖延平先生自述引人注目:"自幼从事儒业,得追随张文襄公及周少朴诸公,之后服务学政两界。数十年来虽鲜劳绩,然自信尚无陨越之处(以上标点为笔者所加)。"

张文襄公即清末洋务派领袖之一的张之洞,他曾官拜两广总督、湖广总督、两江总督、军机大臣等要职;周少朴即周树模,他曾官至黑龙江巡抚,兼任中俄勘界大臣,辛亥革命后任民国中央政府平政院院长。

张之洞任湖广总督最大的功绩,除了把武汉打造成中国最大的重工业基地,还将武汉办成了全国的高等教育中心。他创办自强学堂(今武汉大学)、农务学堂(今华中农业大学)、工艺学堂(今武汉科技大学)等大学,如果是为了"西学为用",那么他创办存古学堂、两湖书院,则是强化"中学为体"。肖延平先生被委以存古学堂监学、两湖书院总师范教习,还是张之洞在武汉创办的中国第一个警察学校的监学和教习。肖延平先生在繁忙的教务管理之余,讲授儒家经典,并将学习王阳明学说的心得感悟著成《心学平议》一书。周树模对此书评价甚高,想见当年影响广大,可惜今日已无处寻觅了。

《黄帝内经》至今在中医必修的四大经典中名列榜首。《黄帝内经》分《灵枢》和《素问》两部分，后世一般认为此书最终成型于西汉，是由中国历代黄老医家传承增补发展创作而来，建立了中医学的"阴阳五行学说""脉象学说""藏象学说""经络学说""病因学说""病机学说""病症""诊法""论治"及"养生学""运气学"等学说。《黄帝内经》奠定了人体生理、病理、诊断以及治疗的认识基础，被称为医之始祖。在中医学术发展史上，《黄帝内经》具有不可替代的地位。因此，对《黄帝内经》的研究历代不乏其人，集大成者首推隋代杨上善。他是隋唐时代医学家，曾在隋大业年间（605—616年）任太医侍御，对《黄帝内经》有较深研究，曾奉敕注《黄帝内经》，取《素问》及《灵枢》的内容，著成《黄帝内经太素》（简称《太素》）一书，共30卷，是分类研究《黄帝内经》的第一家。

该书珍贵之处在于，杨上善虽将《灵枢》《素问》中的经文进行了分类，但是其中几乎包括了唐代以前所存《黄帝内经》的全部内容，且对原书文字未加改动，因此是研究《黄帝内经》的可靠资料。可惜《太素》一书流传不广，自南宋以后在国内就失传了。

1880年，杨守敬作为中国驻日本大使馆官员，在日本彬本仲温处得到仁和寺宫所藏《黄帝内经太素》影抄本。日本仁和寺所藏版本，为仁和三年（相当于唐光启三年，即公元887年）旧抄卷子本。虽然残缺七卷，杨氏仍如获珍宝，携带回国，成为国内《太素》的祖本。《太素》的再度问世，在国内医学界曾引起轰动。1895年，由袁昶通隐堂校勘的《太素》刊行，世称袁本或通隐堂本。"桐庐袁忠节公得其书，未加详校，即以付刊，伪谬滋多，未为善本。"国内翻刻的《太素》不断问世，流传渐广。由于当时印刷技术所限，无法出版影印本，所以原本就残缺的旧抄本越传越误。

1884年，杨守敬回国后曾任两湖书院地理教授、存古学堂总教长，与肖延平先生为同事。

在两湖书院、存古学堂任职时期，肖延平与杨守敬成为同事可谓是人生的重要节点，成就了他一生的辉煌——将散佚千年的《黄帝内经太素》（隋杨上善注）校勘并付梓刊行天下。

肖延平早有办医学院校之夙愿。在他任职于武汉三校教职时，曾专门上书张之洞。他仿效日本开办医科的思路，结合国内的实际，制定了一份非常详细周密的计划书。可惜时运不济，革命风起云涌，张之洞无力回天。在风雨飘摇之际，肖延平以"为往圣继绝学"的精神，一人挑起校勘《太素》的历史重任。这一切被张之洞倚重的理财能臣柯逢时知晓，遂聘请肖延平到他创办的武昌医馆任馆长，专事医学古籍的校勘。此时为1910年，也是肖延平校勘《太素》的重要时期。

对于肖延平来说，柯逢时丰富的藏书，为校勘工作提供了极大便利。然好事多磨、命途多舛。1912年，柯逢时病逝。其子孙不肖，以变卖家产度日，医馆随之关门。

离开柯逢时的武昌医馆，肖延平先生并没有放弃《太素》的校勘。此时武汉风云变幻，内战频仍，知识分子如浮萍，难以安放一张书桌。于是，他北上投靠亲友长期客居北京，苦心笃志于《太素》的校勘事业，终于书成，遂即南归武汉筹资印刷。

陈钢教授，成都中医药大学基础医学院院长、《黄帝内经》研究的知名学者，对日本仁和寺本《太素》的研究尤深。他在"肖延平校注整理《太素》的功绩"一文最后写道：总之，肖延平以嘉惠后学为己任，竭毕生精力校注整理《太素》，可谓劳苦功高。不仅如此，他还"由京师专归武昌，谋付剞劂"。当时的两湖巡阅使督军兼湖北省省长肖耀南欣然为之捐资付梓，方使其书得以传世。肖延平兰陵堂《太素》刊印本，底本佳，校勘精，补佚当，按语价高，刻工精良，堪称精本、善本。

故中华人民共和国成立后于1955年、1965年，两次由人民卫生出版社影印、排印出版，并数次重印，成为学习和研究《黄帝内经》的重要参考书。

王洪图教授，国家中医药管理局《黄帝内经》重点学科学术带头人、教育部中医基础理论重点学科带头人、北京中医药大学教授、博士生导师，他对肖延平先生的《太素》评价如下：该书字斟句酌，旁征博引，洋洋四十余万言，成为当时国内最完备、最精审的版本。肖氏以严谨的治学态度，系统整理《太素》，对中医经典研究功莫大焉。肖氏校勘的《太素》在学术界具有不可争议的权威性。

时代大动荡大变迁的时期，往往也是一个人或一个家族大起大落的时期。浏览武汉黄陂区人物志网，其所载基本上都是现当代人士。其中肖姓共计十三位，肖延平与他的儿孙占了六位，他们分别是：

肖延平长子肖赟昌，毕业于湖北法政学堂，历任山东省茌平县知事，湖北咸宁、蕲春、黄梅等县的县长；

肖延平三子肖贞昌，毕业于北京大学，后留学德国莱比锡大学获经济学博士。历任省立武昌中学校长，福建省政府会计处长，东北大学商学院、中央大学、上海商学院等校教授，后任厦门大学教授、经济系主任；

肖延平四子肖贺昌，毕业于德国德累斯顿工业大学，获特许工程师，历任上海市公用局技正，京沪沪杭两路局副处长；

肖延平孙女、肖贞昌之女肖树旭，毕业于厦门大学生物系，上海水产大学教授、养殖系主任；

肖延平之孙、肖贺昌之子肖培根，毕业于厦门大学生物系，曾任中国医学科学院药物研究所室主任、中国医学科学院药用植物研究所所长，教授，博士生导师，中国工程院院士。

肖延平先生育才之道与众不同：民国时期大学毕业生凤毛麟角，比今天的博士还稀缺。三子肖贞昌，在拿到含金量很高的北京大学文凭就业不愁之际，肖延平却安排他去德国留学。四子肖贺昌，在中学时期就送进武汉德文学校，随后直接送到德国德累斯顿工业大学学习工程技术。此举，与当今许多望子成龙的家长颇有一拼，不过肖延平先生一百年前已经这样做了。

民国十七年（1928年），肖贞昌，获德国莱比锡大学经济学博士学位后回国。

民国十九年（1930年），留学十年的肖贺昌回国。他获得了德国德累斯顿工业大学工科硕士学位和金字招牌的特许工程师证书并落户上海，常人不可企及的美好前程就在眼前。

民国二十年春（1931年），肖贺昌与浙江大学学生张英志喜结良缘。小儿子的婚礼，成为肖延平古稀之年的最大慰藉——孩子们终于成了国家的栋梁、学界翘楚！刚刚落成的现代风格的南京饭店，高朋满座，群贤毕至。

从斑驳的照片上仍然清晰可见，这对新人是领时代新风的现代知识青年，婚礼服饰不是长袍马褂与凤冠霞帔。新娘张英志披婚纱，戴花冠，白色手套，手捧玫瑰；新郎肖贺昌打领结，穿西装礼服。英俊的新郎右手挽着自己的爱人，左手攥着洁白的手套——典雅庄重、超凡脱俗。时光如白驹过隙，近百年前的老照片，仍然能吸引我们的眼球。

一年后，他们的长子呱呱坠地。他属肖氏家族"树"字辈，故起名曰"树德"，字"培根"。据说"培根"是母亲起的，他从小也喜欢，也是以这个名字闻名中外。

烽火岁月

1932年1月28日，上海爆发了震惊中外的"一·二八事变"，2月2日，在隆隆的枪炮声中一个男孩出生了。这是一个聪明早慧的孩子，妈妈常常说他还是抱在怀里的时候，看到挂在客厅墙上的对联就喃喃发声，当时妈妈笑称他好像识字似的。肖培根应该是含着金汤匙出生的，父亲是上海市公用局技正，家住洋房，还有汽车和司机。然而，美好的一切全部被战争摧毁了。1935年的年夜饭，肖培根记得很清晰，那天的盛宴就是"大米粥拌牛肉末和青菜"。可能是许久没有吃肉的缘故吧，让一个三岁的孩子刻骨铭心，也埋下了对侵略者仇恨的种子。

1937年"七七"事变不久，长达三个月的"八一三淞沪会战"爆发。肖贺昌夫妇带着两儿两女，逃难到妻子张英志的故乡浙江湖州。肖贺昌的岳父母家境况不错，岳父是秀才出身，也懂一点中医，跟陈立夫是同学。虽然不是正儿八经的医生，但治疗一般的小病没有问题。

外婆给第一次到来的肖培根一家做了湖州名吃"八宝鸭"款待他们，但湖州并非久留之地，全家被迫继续向南逃难。父亲与有孕在身的母亲，带着肖培根和大弟南下福建闯荡。1938年，在福建省沙县母亲生下了小弟培榕。在福建住了不久，兄弟俩因水土不服疾病连连，不得不返回上海。一路几经颠沛，在湖州外婆家接回两个妹妹，全家终于在沪团圆。一家人起初住在公共租界的新闸路西园寺，于1940年迁至当时的法租界格罗希路（现延庆路）。

在颠沛流离的逃难路上，父母想方设法让肖培根上学。1938年8月，让他借读于福建省沙县的小学。兄弟俩因水土不服返回上海后，1939年8月，父母安排他就读于新闸路西园寺附近的上海夏光小学。1939年8月，因为全家搬到法租界格罗希路，肖培根又转学到附近的树德小学读三年级。

回忆小学时光，肖培根笑呵呵地说，那会主要是玩，尽情地玩，什么都玩，跟现在的小孩可不一样：

"树德小学是离家最近的小学，有5～10分钟路程。在这个学校除了上课就是玩，放学以后一般就是几个同学到我家来。那个时候我家住得还算宽敞，外面有一个很大的院子，像操场一样大，用编好的竹篱笆围着。有好多坏了的木箱，我们把木箱翻过来绑成一个船，就在这个船里头讲故事。院子里有一棵桑树，我们也经常爬在桑树上讲故事，小孩子想象力丰富嘛，同学们想象着怎么变成仙人。那时候神仙最吃香，长生不老，找到仙药，因为常听八仙过海的故事。另外印象很深的就是弹玻璃球。我弹得不错,弹得比较准,老赢。羽毛球我打得也不错,因为院子大常常打羽毛球。"

家境的败落,让肖培根从小就恨日本鬼子。学校里日语是必修课,上这门课的老师都是日本人,他们不会讲中文,肖培根不爱学日语还经常开小差,有时提问答不上来,就被日本老师打板子。这样的日子一直挨到小学毕业。

虽然贪玩,但是聪明的肖培根一点就通,有的功课学得好,作文就是他的强项。大弟记得肖培根从小作文就写得好,小学三年级时的作文,老师批的段落都是双圈。这样的光荣历史肖培根不记得了,只是笑呵呵谈着玩的往事。

少年不知愁滋味。日寇侵略使肖家落入衣食无着的境地,拥有德国特许工程师证书的父亲却没有工作,无法养家糊口,头发全秃,脾气变得异常暴躁,不知何时无名之火就会突然爆发。每当此刻,全家沉寂无声,肖培根往往躲出去。他常常想:那个会开汽车,对着电话说外国话,绅士般的爸爸怎么变了?多亏了不辞辛劳温良淑娴的母亲,苦苦支撑着七口之家,让五个孩子有衣穿有饭吃有学上。

大弟肖培源回忆说,有两件事他记忆深刻。一是日本统治时期，母亲用保存下来的洋缝纫机，给五个孩子改制衣裤，还自己设计制作童装挂在附近小服装店里售卖，补贴家用；二是当时家里经常断米缺粮。一次他看到母亲把一只高脚铜痰盂卖给旧货贩子，随即叫来街上的米贩子买了一斗米。

1942年8月，肖培根考入上海私立南光中学。选这所学校主要原因是学费能够通融，可以少交或免交。

满清帝制被推翻以后，面对满目疮痍、危机四伏的局面，国人教育救国的呼声日隆。上海私立南光中学大概就是这个阶段由个人出资、个人捐房产建立的，其办学规模不大，且不以营利为目的。据史料记载"民国时期是上海私立学校特别繁盛的一个历史时期。由于不平等条约对外资在华办学的开放性政策，也由于民国政府对私人办学的政策引导和鼓励，尤其是上海民营经济或曰私人经济的相对发达，整个民国期间上海的私立学校为数奇多，几乎可以视为近代中国与上海的一大奇观。以1929年至1934年为例，上海的初、中、高各级私立学校，占同级学校年平均比例分别为72.20%、86.16%、70.61%。"

一跨入初中门槛，肖培根就被选为初一年级级长。肖培根似乎天生具有组织才能。大妹肖培华回忆说："有时爸妈外出,他就组织我们弟妹们打扫房间,父母亲回来很高兴。"小学、中学,肖培根一直是颇有号召力的孩子头。高中时期,他更是以"巨声篮球队"队长的身份,在上海滩中学篮球圈里小有名气。

当年上海中学生经常组织篮球比赛,南光中学也报了名,学校专门到商店定制了球衣,还给球队起了一个响亮的名字——巨声篮球队。在"巨声篮球队"中,肖培根个头不高,但身体灵活,头脑清晰,投篮命中率高,是得分主力。一般规模较大的中学或是名校,篮球队员都人高马大、训练有素,有十名队员(四名替补),而"巨声篮球队"只有六名队员,不仅没有替补队员,还没有教练,所以"巨声篮球队"曾经屡战屡败。肖培根毫不气馁,刻苦训练,最终一战成名。

肖培根说他念中学的时候,学习并不努力,整天想着打球。把打篮球变成了主业,学习当成了副业。一放学就打球,常常打到天黑。功夫不负有心人,经过日积月累的刻苦练习,在肖培根的带领下,私立南光中学的"巨声篮球队"终于一战成名,扬眉吐气。

对肖培根的业余爱好,肖培源回忆说:"大哥他们打球训练、比赛常带着我。他是校篮球队队长,当年在上海市毓琇杯中学男篮联赛中成绩不菲。他还爱好音乐,尤其是外国古典音乐，记识很快。兴致高时，会舞动指挥棒，打起拍子哼唱。我见过他在看了'翠堤春晓'音乐片以后，在家里拿着指挥棒，模仿哼唱'维也纳森林的故事'的曲调。"

中学时代的肖培根属于全面发展的好学生。音乐、体育及组织能力很突出，虽然玩心比较大，学习还是不错的。语文成绩优异，英语演讲比赛荣获过第二名，生物考试几乎次次优秀，且从喜欢生物到确定大学的专业，继而成为一生的事业，是从私立南光中学的生物课开始的。晚年他回忆说：

"我对私立南光中学印象比较深刻的就是生物课的老师。他讲这门课是比较生动的，我记得比较清楚的就是他讲的循环系统。比如人的血液循环，动脉、静脉，他还画了彩色的示意图，器官是怎么样的，免疫系统是怎样的，所以我记笔记什么的都是很用心的。我考试的时候，生物成绩最好，能够拿到最高分。那个时候我对生物产生兴趣，就是因为这位生物课老师。"

可能是受肖培根的影响，"巨声篮球队"的同学纷纷报考厦门大学（以下简称厦大），一半（三人）同时考上了厦大。另外三人虽被别的院校录取，但同学们的真挚友谊保持了一生。六十多年后，肖培根说起他的队友依然一往情深：

"当初我们队就六个人，毕业时大家照了一张相。我们球队比较团结，无话不说。后来考大学也在一块。我和张国佩考上厦门大学，他个子比较高，打球的时候要靠他，篮下他也都可以投进去。黄学馨后来被沪江大学工商管理系录取，经过努力他当了中学的生物老师。赵则修、胡哲民的足球也踢得很好，他们后来踢入国家队就没联系了。跟黄学馨恢复联系挺有机缘的。黄学馨因为女儿在澳大利亚就在那边定居了。有一次他回国参加学术会议，问到一位北京中医药大学的人，'有一个叫肖培根的你们认识吗？'正好牛建昭院长认识我，就把我的地址告诉了他。我们就这么联系上了。"

一个人能有终生不渝的亲密朋友、有说不完的共同话题，真是一种幸福。

厦大学子

1948年6月,肖培根高中毕业了,有三所大学向他敞开大门:厦门大学、私立沪江大学、圣约翰大学。他舍近求远选择了厦大,理由很简单,厦大不仅免收学费还免食宿费,且三伯父肖贞昌在厦大经济系当教授,又免去了父母的惦念之苦。

9月初,一路舟车劳顿,肖培根终于到了厦门。按照路人指点,先找到闻名遐迩的南普陀寺,抬眼就望见厦大的校门了。报到后就先在三伯父家安顿下来,闲来无事他就爱往校园里跑,他太喜欢这所依山傍海的学校了。高大挺拔的棕榈树遮蔽起来的林荫大道,四通八达、曲径通幽。美丽的芙蓉湖,波光潋滟、芳草萋萋,令人流连忘返。特别是陈嘉庚、李光前翁婿毁家兴学的故事,让他懂得了高尚与伟大的真谛。他还常常爬上五老峰,听着千年古刹南普陀寺的钟声,对着饱经沧桑的胡里山炮台,极目远眺碧波万顷的大海,心潮起伏、浮想联翩。第一次远离父母家人的肖培根,突然感到自己是大人了,应该有责任有担当了。

厦大不仅是学习知识技能的地方,更应是升华人格的圣地,因为她从缔造者陈嘉庚那里继承了优秀的基因,代代传承,生生不息,厦大的学子们亲切地把他尊为"校主"。

1874年10月21日，陈嘉庚出生于福建省同安县集美社。八闽之地素有爱国忧民的传统，从民族英雄郑成功到虎门销烟林则徐的故事，口口相传历久弥新。从小耳濡目染的陈嘉庚自幼就有精忠报国的志向，渴望有朝一日能够报效祖国。陈嘉庚的母亲乐善好施，除了自己的孩子，还收养了六个孩子，在村里口碑极高，也深深地影响着他。

　　陈嘉庚17岁那年远赴南洋，帮助父亲经营米店和一个小工厂。陈嘉庚酷爱读书，为了读书方便，他在寝室的对门辟出一个图书室，工作之余手不释卷。他通过读书学习先进管理，学会洞悉时代潮流，实现中西文化融会贯通，在经营企业时总能高瞻远瞩，抓住商机。从菠萝罐头到菠萝园，再从橡胶园到橡胶厂以及航运业，陈嘉庚在波谲云诡的商海中，几度沉浮几度崛起。终于，陈嘉庚成为南洋1000万华侨公认的商业领袖。

　　1913年，陈嘉庚先在家乡创办了一所小学，之后又相继办起中学、师范、水产、航海、商业、农林等十所学校，还建起了幼稚园、医院、图书馆等，统称为"集美学校"。当时福建全省没有一所大学，陈嘉庚清楚高等教育的龙头作用，专程前往广东岭南大学，进行细致入微的考察。

1919年的五四运动，陈嘉庚从中看到了希望。他将南洋的生意交给胞弟陈敬贤管理，自己回国筹建厦门大学。1919年7月13日，他在厦大发起人会议上慷慨陈词："民心未死，国脉尚存，以四万万之民族，决无甘居人下之理。今日不达，尚有来日；及身不达，尚有子孙。如精卫填海、愚公移山，终有贯彻目的之一日。"此时，陈嘉庚经营的橡胶、船运、黄梨等实业，资产已达400万元。他竟倾其所有，捐资400万元洋银，创办厦门大学。在家乡比邻的厦门岛上，开始了流芳百世的浩大工程。

自古好事多磨。1929年到1933年的世界经济危机，无情地侵蚀着陈嘉庚的企业，如不收缩资金只有破产，是保自家企业，还是保厦大？陈嘉庚义无反顾："企业可以收盘，学校绝不能停办！""宁可变卖大厦，也要支持厦大！"后来，他真的把自家三幢豪华大厦变卖，以维持厦大的经费。"财自我辛苦得来，亦当由我慷慨捐去"。这样的故事很多很多，成为厦大莘莘学子追求卓越的原动力。

在厦大的教授宿舍区，肖贞昌与王亚南校长住的近，加之同为湖北老乡，因此两家交往频频，两家的孩子亲如一家。肖培根最喜欢听两位教授用黄冈口音的家乡话谈天说地，满腹经纶的大学者，或谈学问或论古今，这些无不给予肖培根深深的启迪，仿佛给他开了"天眼"，他决心告别懵懵懂懂的少年生活，做一个出类拔萃的厦大学子。

转眼间开学了。一年级上课的地方，不在厦门市思明区的校本部，而是一水之隔的琴岛——鼓浪屿。

鼓浪屿是一个与厦门隔海相望的小岛，面积不到两平方千米，步行一个多小时即可环岛一周。这个美丽的小岛植被茂盛、鸟语花香，处处如公园，触目皆佳景。

从1946年到1949年，厦大把大学一年级新生安排到鼓浪屿读书，实在是无奈之举。1945年抗战胜利，因日寇侵华而转移至古城汀州的厦大师生，敲着脸盆，喊着口号，欢呼雀跃，终于有望返回魂牵梦萦的厦门了。

1945年12月，汪德耀校长赶到厦门察看校园，查明原化学大楼、生物大楼、女生宿舍、笃行楼、兼爱楼、白城教工宿舍等26座楼房，还有发电厂、膳厅、医院等，全部被夷为平地，就连梁木砖石也都被日军运去作防御工事，校园一片废墟。只有群贤楼群做些修理还可使用，但被用作关押日本俘虏的场所。于是，学校决定二至四年级学生仍在长汀待一年，一年级新生先在鼓浪屿上课。校方与英华中学协商，借用部分教室，又借到田尾小学部分校舍。汪校长带领复员处的工作人员四处奔走，征得日本总领事馆、日本博爱医院、八卦楼和日本小学等处为厦大校产，让一年级新生在鼓浪屿能够正式上课。

近年来，关于大师、大学、大楼的议论不绝于耳。1931年，梅贻琦出任清华校长，在就职演讲中他这样说：一个大学之所以为大学，全在于有没有好教授。

具体到肖培根在厦大生物系读书时期，"生物系有没有好教授"呢？从时任厦大校长兼生物系主任汪德耀先生说起。1931年，汪德耀获法国巴黎大学博士学位。回国后，先在北平大学生物系任教授，兼任国立北平研究院生物研究所研究员，后在湖南师范学院任教授兼教务长。1941年，他创建福建省研究院，任院长兼动植物研究所研究员。1943年以后，在厦大曾兼任过系主任、理工学院院长、代理校长、校长等职。他是我国著名的细胞生物学家、教育家，长期从事细胞生物学的教学和科学研究，为我国细胞生物学的开拓作出了贡献。他的"关于动植物细胞在某些分化过程中主要细胞器——高尔基体、线粒体、微管系统的变化规律及其功能以及核质相互关系的研究"等学术论文的发表，引起国内外同行专家的关注。

郑重教授，是我国著名的海洋生物学家、教育家、中国海洋浮游生物学的开拓者。他长期致力于海洋浮游生物学的教学和研究工作，对海洋浮游甲壳类，特别是对桡足类、樱虾类和枝角类的研究，为中国近海渔业资源的开发利用，为中国海洋浮游生物学的创建和发展作出了贡献。他还对海洋污损生物的生态、海洋鱼类的食性和海洋浮游生物的生态系进行了研究，促进了中国海洋生态学的发展。厦大"海洋浮游生物学"专业，在国际上享有盛誉，与学科创始人郑重教授密不可分。他撰写并出版的关于浮游生物学系列教材和参考资料，对海洋浮游生物学科的发展贡献很大。《海洋浮游生物学》更是一部难得的好教材，被日本广岛大学和东京水产大学的相关专业，列为主要教学参考书。

金德祥教授，毕业于厦大。1946年返回厦大任教，先后任生物系、海洋生物学和植物学教研室主任、教授。他是我国文昌鱼研究的开拓者，还是我国海洋硅藻研究的奠基人，发现硅藻34个新种和新变种。

严楚江教授是著名植物形态学家。他的"梧桐花朵解剖及其两性分异""梧桐心皮的开裂""荔枝花果的维管束解剖"等论文发表后，获得国际同行的重视和好评，因而于1950年成为国际植物形态学会会员，当时会员中只有两位中国人。

何景教授长期从事植物分类、植物生态学等方面的研究。主要专著有《河西及祁连山植物群落》等。20世纪50年代就开展了较为系统的生态学教学和科研活动，何景教授主编的《植物生态学》是当时高校的通用教材。

还有多位教授，在此不一一赘述。虽然当年条件极其简陋、艰苦，但是从学习方面讲，肖培根在大学读书的时期，又是非常幸运的历史阶段。因为学生少，加之人际关系淳朴，先生与学生关系极其密切，学生是教授家中的常客。教授们不仅是授业解惑的老师，也是生活思想上的导师，对此肖培根感慨良多："在厦门大学念书的时候，确实有一批老师对我的影响还是很大的，特别是我们理学院。当初担任理学院院长的卢嘉锡教授，他后来是中国科学院的院长。卢嘉锡很早就在英国取得了博士学位，而且在物理化学方面成就很高，特别是超导等一系列研究。当年，他很年轻，大概三四十岁的样子，他放弃国外的优厚条件回国工作。这样的在国外知名的专家要为国家的发展作贡献，对我们年轻人的影响还是很大的，所以都觉得他才是真正的爱国者。真正的爱国就是要把自己的一切都贡献给国家，这个给我们奠定了一个很好的基础。当然其他的老师，像汪德耀等，对我的影响不仅是政治方向，更主要是他们都是刻苦努力地学习，在各自所从事专业上，都作出了突出的贡献。我觉得老师的一些身教，对于学生有很大的影响。当然这里我要特别提到的就是我担任学生助教时，教生理生态专业的老师何景教授，何教授经常和我一起讨论专业上的问题，这种关系我们保持了很多年。"

谈起求学往事，肖培根仿佛说着昨天的故事，详细感人，令人心向往之："汪德耀先生当过校长，他给我们上生物学概论，我觉得他讲得非常好，我们刚进大学就知道生物学学什么内容，生物学整个发展的历史，将来有望解决的问题。校长非常平易近人，我们业余时间有时候到他家里看他，他还给我们唱歌，所以师生关系很融洽。何景先生是有点口音，他好像是西北人。他的课很重视理论联系实际。我们当时学苏联的考试方法，一个老师出很多题，通过抽签抽取自己的考题，准备五分钟，先写个提纲，然后回答问题，老师可以提很多课外的知识。我的三门课是何景教的。当时是五分制，五分优秀，四分良，三分及格，何景先生给了个课外的题目：学校里现在长红花的植物叫什么名字？因为平时没有观察，只懂得死记硬背，我答不出来，结果给我一个三分及格。这对我的教训非常深刻，使我懂得我们搞生物的一定要理论联系实际。再考的时候我就考得很好，考了个五分。我有一张与何景先生的合影。严楚江先生上课也很有名。他上课讲故事，为什么要学这个学科，这个学科要让我们解决什么问题，以讲故事的形式讲给我们，讲完以后还结合爱国主义思想，教育我们一定要自强，要爱国。真正上课讲到内容的是二十分钟，其他自己去学。严楚江先生考实验，不是说实验题给你考，考实验的时候他的切片放到显微镜下。他是搞形态理论的，在显微镜底下到底观察到了什么，这个是很难的。他很高兴我看出来了。他又出了一个课外题：最近街上人家挑着卖的绿色的丝状的东西是什么？我又答对了。他说太好了，给我五分。就是这样，我们学生物的一定要理论联系实际，这也是他传授给我的教学方法。"

肖培根师生情谊的讲述，在场之人都能感到融融的暖意："那时候师生关系很好。同学上完课有空就到老师家里去跟老师聊天，我一个礼拜至少有一次到何景教授家里去，跟他聊天。他会讲一些事情，有的是生活上面的事情，有的是业务上面的事情，都会跟你聊，像家里人一样。那时大学的老师，跟学生的关系很密切，各个方面都要教学生。当时的老师和学生的关系，真的是培养指导。我到校长王亚南家给他拜年,他很高兴,请我吃了很多糖果。我们一年级的学生,敢到校长家拜年,可想他是多么平易近人。我们就是这样受到精神影响的。"

作为家中的长子,肖培根非常体谅父母,有需求也尽量不向家里张口。他听说岛上的厦门校友中学(现厦门二中)需要生物课老师,毛遂自荐去应聘,不曾想一试讲学校就相中了他,在校友中学一干好几年,在大四时他还当上了厦大生物系的学生助教。不再囊中羞涩的他,有时还可以去打打牙祭。当然,这些经历收获的绝不仅仅是金钱。

肖培根回忆说:"我觉得在学校里面兼职做一些工作,对专业也有很好的影响。比如我在中学教生物学,跟大学的生物学有互相的联系。能够很好地去教别人,首先必须自己要有很好的理解能力,很好地掌握这方面的专业知识,在教学过程中,我也体会到了教学相长的道理。"

肖培根在鼓浪屿的日子是愉快的,他喜欢这里优美的景致,喜欢这里博学多才的老师,尤其喜欢上了生物学专业。因此,他学习格外刻苦,每天早早起床自习,晚上又常常读到半夜。功夫不负有心人,肖培根几乎各科成绩优秀，名字排在成绩榜的前边，他终于品尝到了名列前茅的滋味。

  转眼间，大学一年级的暑假到了，肖培根归心似箭。他想父母、想弟弟妹妹，想大上海、想亲如兄弟的同学。可是因为战争，不能从厦门直接回上海了。虽然当时很多地方都已经解放了，但是厦门还没解放。听说可以通过香港搭英国轮船到上海，肖培根便和一批上海同学一起来到了香港。不料此时香港到上海也不通航了，他们只好又回到了厦门。

迎接新时代

从香港回来不久,厦门就解放了。此前肖培根没有见过共产党领导的解放军,听到的全是国民党的宣传,所以对解放军除了好奇就是忐忑。

厦门解放时他在鼓浪屿,与同学们躲在地下室里,第二天早上醒来,鼓浪屿解放了,厦门也解放了。解放军给他的第一印象是纪律严明,都睡在街头,不睡在百姓的家里,也不占用百姓的东西。这跟过去听到的宣传完全不一样,所以从认识上开始转变,带动他以后的学习,以及以后的工作。

厦门解放了,地下党员公开了身份。慢慢地随着这些共产党员的实际表现,使他认识到共产党和国民党本质上不一样。在以后的大学几年里,肖培根对社会主义的认识更加深入了,特别是通过学习社会发展史、矛盾论、认识论、自然辩证法等,慢慢认识了社会发展的规律。从大的方面来看,他认识到社会主义、共产主义是一个必然的历史阶段,慢慢影响着他的世界观、人生观。

这个时期,肖培根担任了《厦门日报》的通讯员,也是厦大学生会的宣传干事,这使他对于整个形势的发展是比较关注的。伴随着形势的发展,肖培根思想上发生了很大的变化,学习的目标和态度也发生了转变。在学习上他对自己的要求严格了,要好好学习、努力工作,争取成为一个共青团员,以后还要成为共产党员。这样促使他的学习有了更大的动力,早上5点钟起来读书,各门功课公布成绩单时,名字都要排在前面。

中华人民共和国的诞生,是一个改天换地的时代变革。土地改革让农民实现了"耕者有其田"的千年理想。百业俱兴也让城市居民不再担心失业,不再为"饭碗"发愁。在那个激情燃烧的岁月里,年轻的大学生们更是精神焕发:

"我们当时课余活动丰富。下午四节课,第四节课一定是社团活动、体育活动。我刚进厦大的时候,给我印象很好,到处是歌声,社团种类繁多。我选择了舞蹈社团,一学期选择一种,舞蹈社团跳海军舞、红军舞等,还有话剧社团。每个周末晚上有舞会,使我们各方面全面发展。当时吃饭是第四节下课的时候食堂开门,集体吃饭,一桌一桌的吃。

"我们学校很好,很多工作让学生自己做。比如我们的电台学生自己办,只有一个设备管理员。电台台长、播音员、文艺队全部是学生自己。我一进厦大就被选为播音员,我普通话说不准,但是比起闽西闽南人，他们的口音更重，我当播音员四年直到毕业。社团还有校刊，我也是校刊的通讯员。我们团委干事由学生兼任，给学生一个很好的锻炼机会。那时，整个学校气氛非常活跃，学习的时候大家专心学习，礼拜天上午念书，下午整理内务，洗衣服什么的。虽然生活艰苦，但是我们精神充实。当时的口号是'德智体美全面发展，成为建设社会主义有用的人才'。毕业时，我们填志愿都是国家哪里需要就到哪里去。"

笔者从肖培根尘封多年的影集中发现两组珍贵的照片。一组是厦大同学们郊游聚餐的场景：露天的石头桌上摆有七碗菜，主食是米饭。饭碗大小不一，还有一个用搪瓷水杯充当饭碗。可能是因为凳子不够，大家都站着吃饭。米饭是管够的，肖培根正端着一笸箩米饭笑眯眯走来，可以看出当年厦大学生的伙食还是不错的；另一组是厦大学生的课余生活场景：同学们在露天场地席地而坐，先是讨论问题，挺严肃的，随后，有一些同学跳起交谊舞，另一些同学玩起了扑克牌，只是同学中没有发现肖培根。尽管照片清晰度欠佳，但是再现了近70年前的中国大学生的生活状况与精神风貌。

世事变迁对一个人的"三观"必然产生影响，特别是对"三观"未定的年轻人来说更是如此。肖培根在他的类似回想录《绿药觅踪》中,谈及思想信念与学习成长的关系,让我们感到信念对青年成长的巨大作用,也让我们进一步走进那个时代:

"我认为,对一个人的成长来说,是否有信念往往起到了十分重要的作用。应该说,在上大学之时,我根本没有什么明确的前进方向。考入了厦大,在那里迎接了中华人民共和国的成立。我参加了一些有意义的社会工作,主要负责学生会的宣传工作,出版黑板报,担任《厦门日报》的通讯员,后来被选为生物系的系代表。我逐渐开始关注系里和学校里所发生的一些事情,经常写成报道投稿到《厦门日报》或校刊,并积极争取加入共青团,要求自己的所作所为要符合党的要求、团员的标准。在学习方面,我也要求自己要名列前茅,开始刻苦学习,经常在早上五六点钟借灯光早读。到了大学三年级,我的各门成绩均优秀,四年级便当上了学生助教,协助管理二年级的一些实验。经过了大学三年半的努力,我修读的学分已经超过了可以毕业的标准,便提前大学毕业了。应该说,我从儿时的顽童,中学还贪恋玩耍,到了大学几乎变了一个人。我认为,促使我人生轨迹转变的动力是要求进步,要求上进,要求自己不辜负党的培养。"

1950年秋，因抗美援朝战争，海峡两岸形势随之骤然紧张，国民党的飞机经常到厦门等沿海地区轰炸。1951年3月，根据教育部的指示，厦大的理工两学院奉命内迁龙岩。理学院迁到龙岩的白土镇（现为龙岩市新罗区东肖镇），工学院迁到龙岩城郊的溪南。从厦门到白土镇虽然只有300多里路，但没有正经的公路，加之山路崎岖，非常难走，同学们徒步行军六天才抵达目的地。

2016年10月，笔者一行到厦大时，肖培根的师弟曾定（曾任厦大生物系主任）、师妹张娆挺（厦大生物系教授），都向我们介绍了这段往事。曾定先生还将他整理的《白土岁月》送给了我们。他当年的日志如下：

"3月15日，晨离厦，搭'五洲船'赴漳，12时许船搁浅，上岸步行30里，4时抵漳，宿于漳州浔源中学。16日早自漳赴'靖城'，40里，先在'天宝'吃地瓜，午后1时到，天气阴。17日赴'龙山墟'，中午歇'马山'，傍晚到，共52里，宿于一教堂。18日从'龙山'去'和溪'，共58里，上午走32里到'水潮'，4时半到'和溪'。天热，此地墟期为1、6，物价便宜。19日自'和溪'到'适中'，共56里，上午天阴沉，云雾迷漾，午歇于'修竹'，饭后大雷雨，雨后攀'板寮岭'，为此行途中最高之山，有解放军与民兵护送，4时半到'适中'，宿于一大夫第。此地有邮局。20日自'适中'径赴'白土'，阴偶有雨，70余里路，反较昨日轻松，下午3时即到，因须整队，等至4时始进村。一进村，溪兜小学生即来欢迎并争背行李，我们也在村里贴标语，晚宿于溪兜中学礼堂。此次生物系与电机系同为第一批，15日动身，20日到达，共历6天，沿途有先遣同学招待食宿。我与王锡书、潘星光、张礼善同小组，第1、2日作断后，后4日作先锋。"

选择闽西山区白土镇是经过反复研究决定的。一为白土镇是邓子恢等革命家创建的根据地，当地人民政治觉悟高；二是有校友林硕田的鼎力支持。这位1939年厦大化学系的毕业生，时任当地溪兜中学教导主任，且家族势力雄厚。因此，当厦大理学院酝酿内迁时，时任理学院院长的卢嘉锡和理学院内迁总指挥张松踪，自然而然地想到了林硕田。尤其是张松踪，他与林硕田都是菲律宾归侨，也先后就读于集美中学、厦门大学，既是多年同学又是无话不谈的挚友。果然林硕田不负众望，在厦大师生到来之前，已经把一切安排得井井有条。在偏远的山村中，除了要解决理学院四个系二百多名师生生活、教学用房，还有数不清的事务性工作都需要他解决落实，不难想象这位校友面临的困难难度有多大，他为此付出了多少汗水、多少辛劳。因此，在厦大理学院回迁厦门时，卢嘉锡便力邀他来厦大化学系任教。

数理系、生物系男生的宿舍，安排在一个叫乐怡堂的大宅院里，四五十个同学在一个屋檐下，睡大通铺，生物系的肖培根与数理系的陈景润等也在其中。

学生食堂在化学系男生宿舍附近。当时由化学系学生杨湘庆牵头办伙食，他的组织领导能力很强，伙食办得不错，每顿饭有两三个菜。因为没有餐厅，打好饭后，同学们端着大碗随意找地方用餐。

实验室也是土法上马。化学实验室设在红场靠山一侧附近的一个小祠堂里。实验桌是用厚木板钉成的，蒸馏水由老工友方明治想办法，用竹管从山上引水，再用木桶、大锅等土办法加工制备。尽管设备简陋，但教师要求严格，学生做试验认真，保证了教学质量。

白天上课、晚上自习从未间断。因为没有电，依靠汽灯照明。每天不到掌灯时分，同学们便夹着书本，拎着板凳，聚集在乐怡堂大厅晚自习。不过这里地方小，不少同学要到溪兜中学去。

条件艰苦也挡不住年轻人的热情，各种文体活动还是不少的。白土镇有个叫红场的小广场，曾经是红军时期的练兵场和集会之所,如今成为理学院师生开展文体活动的地方。那一年,由谢觉哉任团长、魏金水任副团长的中央慰问团来到白土镇,谢老站在红场舞台上发表了热情洋溢、鼓舞人心的讲演,讲话后是国内知名艺术家们的精彩演出。平常日子,红场上厦大的排球、篮球、跳绳、拔河,还有文娱演出等也是络绎不绝。全部由理学院同学自编自导自演的话剧《俄罗斯问题》,至今同学们记忆犹新。排球、篮球比赛异彩纷呈,肖培根精湛的球技,成为场中靓丽的风景,每每成为同学们茶余饭后的佳话。

白土镇地处偏僻的山区,老虎等野兽时常出没。生物系钟琬玲等几个同学,曾两次晚自习后从溪兜中学回宿舍的路上,见到远处有眼睛发亮的动物,老乡说是老虎。她们只好大声唱歌,打着手电筒加快脚步。有一段时间老虎白天下山,进村叼走了小猪。

在如此艰苦的条件下,肖培根刻苦读书的劲头非但未减,反而愈加奋进。他想用优异的成绩回报国家,也想早日毕业尽长子对家庭的义务。那时厦大实行学分制,早修完学分可以提前毕业。生活的艰苦,身体的严重透支,导致他大病一场,不得不在1951年9月休学:

"我常常在早上天还没有亮就开始念书了,老师前边讲的一些知识，我自己都系统复习一遍，当然成绩是不差的，因为经常这样开早车，引起了消化系统的疾病。后来检查发现，胃部溃疡，进一步检查确诊是胃出血，立即住了几天医院。后来医生建议我休学一段时间把身体养好。于是，我就休学了几个月。"

艰难困苦，玉汝于成。1937年年底，因日寇侵华，厦大内迁至闽西偏僻艰苦的长汀时期，厦大卓尔不群的精神却大放异彩。1940年、1941年，在民国政府教育部举办的第一届、第二届全国专科以上学校学业竞试中，厦大以最少经费取得最好成绩，蝉联两届全国团体第一名。1951年的白土时期，更是成就了六位院士：卢嘉锡、陈景润、田昭武、张乾二四位中国科学院院士和肖培根、林鹏两位中国工程院院士。当时卢嘉锡是教授、田昭武是助教、张乾二是47级本科生51级研究生、肖培根是48级本科生、陈景润是50级本科生、林鹏是51级本科生。

1952年7月，肖培根病愈返校，住进了刚刚落成的美观舒适的芙蓉3号男生宿舍楼。这是陈嘉庚先生翁婿，倾其所有重建厦大的一部分。这批建筑至今仍为厦大校园最引人流连驻足、留影留念的地方，成为厦大的精神图腾，与校主永存。《厦大校友通讯》2013年第3期上有如下记载：

"中华人民共和国成立后，厦门大学的经费由国家负担，但陈嘉庚自认创办厦门大学'为善不终，贻累政府，抱歉无似'。因此，他婉拒毛泽东、周恩来等中央领导挽留他定居北京的盛情，决定回到家乡贡献余热，完成厦大和集美学村的扩建和重建，实现他长久以来未竟的夙愿。1950年11月5日，李光前致函陈嘉庚，表示他愿意继续资助修复被炸毁的厦大校舍，同时加以扩建，欣然捐献600万元港币，交由陈嘉庚统一筹划。为了合理使用这笔巨款，陈嘉庚特地成立了厦大建筑部，委任专人负责，招收闽南各地石匠、木匠、泥水匠一千余人，设立510个基建工场。同时，在龙海县石码镇设立砖瓦厂自己烧制砖瓦；石料多就地开凿石山取用，以节省运费；木材则从山区采购。对于当时需要从香港进口的钢筋、水泥、小五金等材料，陈嘉庚精打细算，非到万分必要，实在无物可代时，才同意进口一些。陈嘉庚再三告诫干部、职工：华侨无偿捐赠之钱来之不易，要节约使用他们的捐款，处处为多盖房子、盖好房子着想，发挥投资的最大效益。陈嘉庚从设计、绘图、备料至施工，事必躬亲，一丝不苟。他每星期都要来厦大的工地两次，即使风雨交加，也准时来到。"

1950年至1955年，由李光前捐款、陈嘉庚主持扩建的厦门大学新校舍，共计25幢，建筑面积59057平方米，使用面积38365平方米，建筑造价272万余元。总建筑面积相当于中华人民共和国成立前全校建筑面积扩大了一倍。

中华人民共和国成立后陈嘉庚主持的厦大建筑风格，更加新颖别致，有的是骑楼配以绿栏杆，有的采用绿色琉璃瓦，突出我国传统的民族风格。一座座白石朱顶、红砖绿瓦的高楼大厦拔地而起，巍然屹立于秀丽的鹭江之滨，成为新厦大的独特标志。陈嘉庚、李光前热心教育、报效祖国的精神跃然于建筑物之上，使人见了油然生出敬仰和自豪的情怀。

建南楼群位于厦门大学海滨，一排五座，坐北朝南；雄伟堂皇、拥有4200个座位的建南大会堂居中，两边分别为南安楼、成智楼和南光楼、成义楼。整个楼群东西相距三百余米，呈半月形俯瞰上弘体育场，气势非凡。上弘体育场面积19400平方米、看台总长9170米，可容两万观众观看比赛，与建南楼群相依相偎，浑然一体，蔚为壮观。建南楼群成为厦大独具风格的标志性建筑群。此外还建有教工宿舍国光楼三栋，男生宿舍芙蓉楼四栋，女生宿舍丰庭楼三栋，厦大医院门诊部与住院部大楼成伟楼群两座。

肖培根所住的芙蓉楼，建筑面积15387平方米，普遍为三层楼，局部四至五层，造型美观、结构稳定合理，西式屋体通风采光好，中式屋面稳重美观、隔热、保温性能好。正立面外装饰的基本格调寓意深刻，红砖绿瓦示意春天红日，吉利永恒。

能够在新中国百废待兴的时期，住上堪比宾馆的宿舍，肖培根心存感激，每当遇到陈嘉庚一袭旧衣，奔波于尘土飞扬的工地时，崇敬之情油然而生，觉得只有发愤学习，才能对得起校主。

学习成绩优异、聪明俊朗的肖培根，深得何景的器重，委派他担任学生助教，除了一些事务性的工作以外，经常与肖培根讨论一些更深入、更专业的问题，像带研究生一样培养他。这对肖培根的学术成长与日后专业的发展大有裨益，他们也成了终生的师友。每忆及此，肖培根念念不忘：

"我要特别提到我担任学生助教时，管生理生态这个专业的老师何景教授。何景教授经常和我一起讨论一些专业上的问题，这种关系我们保持了很长的时间。比如，我参加工作以后搞药用植物了，对人参和几大药用植物都有一些研究。何景在编《中国植物志》的时候，负责五加科植物，也包括人参这一类的分类。这个在分类学上是很难的问题，也是比较复杂的一个事情。有时候他也和我一起讨论人参的分类，这是不是一个独立的种，或者这是一个亚种，或者是一个什么植物。可以说他对我在专业上的成长产生了很大的影响。"

1952年年底，肖培根光荣地加入了共青团。他的师妹张晓挺，对六十多年前发展他入团的往事记忆犹新：

"我刚进校时他已经要毕业了，因为是三年半提前毕业，所以在春季。听说他业务很好，而且是何景的得意门生，当过何景的助教。第一次认识肖培根是我们共青团组织生活会，审批肖培根入团。我们学生团员当时很少，全系也就一二十人。大家对他的印象是学习很好，业务也很好，人也很聪明。意见都是鸡毛蒜皮的，比如生活散漫一点，衣服脏了团在一起往床铺底下一塞，让人帮助洗。意见就是这两点，所以大家一致通过了他的入团申请。"

1953年元旦过后，知道肖培根即将大学毕业，父亲特地从工作地咸阳，给他寄来一张身着皮衣的近照，以免他的挂念，并且在照片的背面写下语重心长的寄语：

根儿：希望你争取成为一个德育智育全面健康发展的建设干部，为即将到来新的任务打下良好的基础。并祝不断的进步！

父贺　五三.元.十　于咸阳西工

这张照片伴随肖培根多年。一个人远离家乡，每每思念家人或不顺心的时候，他就拿出来看看，父亲的教导犹在耳畔，鼓励他攻坚克难，不断进步攀升。

1953年4月，肖培根以优异成绩提前毕业。随着中央卫生部的调令，离开厦大，奔赴首都北京。

立业成家

1953年4月，肖培根去北京报道。从厦门坐火车换汽车，再坐火车换汽车，断断续续走了近半个月。按学生身份一路坐硬座，白天颠簸一天，晚上实在累得不行，他就铺张报纸睡在硬座下。经过舟车劳顿，到北京时瘦了一大圈。这种艰苦的情形今天无法想象。

肖培根背着行李在位于前门的北京火车站下车后，被安排在西单附近的招待所里住了些日子，后来就到了中央卫生研究院。这是个新组建仅数年的机构，其前身主要有两部分：民国的中央卫生实验院和北平分院。

1950年，中央卫生实验院自南京迁至北京，与原"北平分院"合并，组建中央卫生研究院。院址在"北平分院"的旧址——今天的南纬路2号先农坛内。设立五个学系：营养学系、微生物学系、药物学系、寄生虫学系和卫生工程学系，还有资料和病理两个研究室及中国医药研究所。

那时对旧机构实行接收改造利用的政策。对于"北平分院"这样重要机构的接收，不只是简单的改造利用，而是纳入了国家发展的蓝图之中。1952年11月，国家特地把沈其震调入北京，任命他为中央卫生研究院院长。沈院长不负众望，以其独特的人脉关系、非凡的领导艺术，在两排日式平房——被称为工字厅的破旧实验室的基础上，完成了中华人民共和国卫生系统第一支国家队的创建。中央卫生研究院乘新中国之东风，借沈院长之魅力，一批批青年才俊，从海外到国内，百川归海一般齐聚先农坛，大踏步向科学进军。恰当其时，肖培根也来了。

第一次走进中央卫生研究院的大门，肖培根并没有"乡下人"进"大观园"之感，倒是接待他的姜达衢教授，让他铭记了一生。姜教授是药物学系著名的植物化学专家，曾留学德国。那天，姜教授热情地带着肖培根到先农坛后面的一个小型苗圃参观，他指着一片盛开紫红色花的植物问肖培根："这是什么植物？我听说你是搞植物的。"肖培根虽然是学生物的，但对于药用植物一窍不通，他老实回答："我不认识。"姜教授笑笑说："这就是大名鼎鼎、可以治疗心脏病的紫花洋地黄，强心苷就是从中提取出来的。"如今踪迹难觅的苗圃，成了肖培根职业生涯的起点：

"我第一次接触中草药就出了一个洋相，但是姜教授却对我非常热情，带我各处参观。他对我说，'如果你愿意，我们这里欢迎你来。'他的这句话，他的热情，吸引我走上了研究中草药的道路。我就对负责分配的人说：'把我分配到中央卫生研究院吧'。我就是这样从一个偶然的机会，走上了搞中药研究的道路。第一次接触中药的难堪和失败，成了我要更好研究中药的动力。"

姜达衢没有看错人，肖培根很快就做出了实实在在的成绩：

"在大学里学的生理生态知识，对以后工作起了很大作用。比如我知道卫生部调我来就是要搞麦角生理研究。对于麦角我原来只知道是寄生在燕麦上的，后来我到张北沽源那一带去调查，发现其他的禾本科植物上也长麦角，而且含量还比较高。我们找出一种当时在世界上来讲麦角碱含量比较高的植物，叫拂子茅，带回来以后作为菌种。后来杨云鹏、岳德超拿这个生产出中国的麦角新碱，为全国所用。这个调查的本领是在大学里面学到的。"

那时，中央卫生研究院聚集了一批著名的天然药物（药用植物）学家。如赵橘黄、姜达衢、傅丰永、叶三多，还有后来到中医研究院的周梦白等。那时每年毕业的大学生很少，肖培根有机会在一个屋檐下，天天聆听大师们的研究，日日目染，成为肖培根博采众家、迅速成长的天赐良缘。

赵橘黄教授身着长袍，每天坐人力车上班，也算当年的一道风景。他是中国现代老资格的药学家。"1907年，他与王焕文、曾贞、伍晟、蔡钟杰等，在东京发起留日药学学生组织的中华药学会。1908年秋，举行成立大会，选举王焕文为会长、伍晟为总干事、赵橘黄为书记（秘书）"。对于赵先生，半个多世纪之后肖培根依然记忆犹新：

"在这个大院里，我有机会接触了我们国家第一代生药学家、老前辈——赵橘黄教授。他当时是到中央卫生研究院中医研究所来指导工作的。这些老一辈的生药学家对我一个年仅21岁、刚刚走出校门的、对中药一窍不通的年轻人也非常热情。他们有很多植物方面的问题还和我讨论。赵橘黄教授还送给我一本他的专著《祁州药志》。我和他有过一段很有意义的业务上的联系，他那种孜孜不倦、献身生药学、努力发展生药学、深入实际等方面的优良品质，对我以后的工作有很大影响。"应当说，赵橘黄教授是肖培根从事中药资源研究事业的引路人。

姜达衢教授早年毕业于浙江省立医药专科学校的药科，毕业时被校方选送到日本药厂实习。1931年，赴德留学，入柏林大学药学院学习。1938年冬，绕道安南（即今越南）回到昆明。当时海口全被日寇封锁，常用药品采购极其困难，为谋求药品自给，他与友人於达淮、连瑞琦、陈璞等组织中国药品自给研究会，并于重庆创建中国特效药研究所，设想利用西南各省丰富的中草药资源替代被封锁的西药。他们发现常山治疗疟疾的功效甚好，其主要有效成分为生物碱。姜达衢立即组织人员进行全面、系统的研究，包括原植物的考证、生药组织鉴别、化学成分分析、药理毒性实验、临床疗效验证、引种栽培等，均取得了进展。这项工作是我国研究植物抗疟药的好开端，也是我国中药研究史上，开展系统研究的一次成功的尝试。喹唑啉衍生物具有抗疟作用，这在天然药物中也是新的发现。初步研究报告发表后，引起了国内外学者的重视。1950年，他被调到中央卫生研究院，筹建药用植物室和植物化学室，并任植物化学室负责人。

与姜达衢教授筹建中央卫生研究院药用植物室和植物化学室的还有傅丰永教授。他是中国天然药物化学研究的开拓者之一。早在20世纪40年代，他与药物学家赵承嘏等人合作研究中药常山，首次分离得到抗疟有效成分常山碱甲、常山碱乙、常山碱丙等，并用经典的化学方法推定了部分化学结构,首先得到了具有抗疟活性的常山生物碱纯品,达到了当时国际同类研究的先进水平。在当时简陋的仪器设备和工作条件下,做出这样的成果难能可贵。抗疟有效成分常山碱的发现,为后人全合成衍生物的制备以及构效关系的研究等工作,起到了重要启示和推动作用。

叶三多教授博学多才、兴趣广泛、通晓多国语言,他对肖培根的专业和外语学习颇有启迪:"在那里我还有机会认识了叶三多教授。他早年在欧洲留学,也是我国第一代的生药学家。他学识渊博,外文很好,能讲法语、英语、德语。他除了学识渊博以外,也很会生活。他很喜欢听戏,有空的时候就自己到外面听听戏。他和沈其震院长很谈得来。我还有机会认识第一代的生药学家周梦白教授。他当时跟我说要编写《中草药彩色图志》。因为中华人民共和国刚刚成立,这方面仍是空白,于是聘请了美术家来画中草药,那时候的实践,为我以后编写大型著作打下了基础。"

那个时代,年轻人得到了教授们的倾囊相授,也获得了承担重任、独挑大梁的机会。今天临床上的常用药物麦角新碱,是妇产科的必备药,用于治疗产后子宫出血、产后子宫复旧不全(加速子宫复原)、月经过多等症。当年，西方国家对新中国实行封锁，全国药源紧缺。

于是寻找药源的重大使命就落在年仅22岁的肖培根身上："我参加工作以后很快就有了进步，也取得了一些初步的成果。我到河北省张北、沽源县进行药用植物野生麦角的调查，一起去的有杨南荣、黄玉山、李传伦。野外调查的条件非常艰苦，常常是雇一辆车拉着我们几个人和所带的行李，跋山涉水地进行野外药源的调查、采集标本、采集药苗，以充实我们的植物园。1954年，我在《药学通报》上发表了第一篇实地调查的论文，题目是'河北沽源县药用植物的调查'。以后，因为我的工作主要是野生麦角，所以又把这个工作成果在《药学学报》上发表了。当时找到了寄生在拂子茅上的野生麦角，含量非常高，麦角有效成分的含量是其他种类不能比拟的。这一调查为以后杨云鹏教授、岳德超教授、方起程教授所做的'麦角的人工发酵的研究'奠定了很好的基础。"

不仅是麦角，萝芙木以及阿拉伯胶、安息香、胡黄连等原产于阿拉伯、印度、印度尼西亚等地的常用药材，短短数年就被以肖培根为首的年轻药用植物研究者，在中国辽阔的土地上找到了替代植物，他们为全国人民的医疗保健作出了巨大贡献。

在那个科研硕果丰收的季节里，也同时孕育着肖培根的美好爱情。

1955年秋天，中央卫生研究院药物学系分来一批大学生，其中一位身材中等、面容娟秀的姑娘被分配到药用植物室。她叫冯毓秀，刚刚从北京医学院生药专业毕业。她不仅专业对口，而且还是共产党员、是研究室唯一的党员。因为楼之岑、诚静容是冯毓秀在北医读书时的老师，有一段时间肖培根在北医进修，所以他们是见过面的。谈起往事，冯教授说："我想这事是有缘分的，要不然我们俩不可能走到一起。因为最开始的时候，诚静容带着他在北医实习时，我是见过他的，但当时根本不熟悉，后来毕业分配凑到一块儿了。"

那个时候的共产党员不多，但是示范作用突出，时时处处都要起模范带头作用，给群众做表率，同时还要积极主动支持配合行政工作。正是工作上的相互配合相互支持，他们走到了一起，琴瑟和谐度过了金婚之年。按今天的说法他们属于志同道合型。

在肖培根家里，冯毓秀说起他们当年的相识相知颇有时代特点："两个人在一个室里，当时党员特别强调互相配合，另外得关心群众生活，得和群众打成一片，党员得起模范作用。"

肖培根的回忆更具时代鲜明特色："我的夫人冯毓秀对我的工作和生活帮助很多，所以大家都称赞她是贤内助。我们怎么会走到一起呢？因为我长期当室主任，她是党支部委员，因为党领导行政工作，所以我总是把她当作党的领导，她也总是尽量协助我做好研究室的各项工作。我们在工作中接触很多，加上志同道合，逐步建立了深厚的感情。"

冯毓秀说起老伴的故事全是与工作紧密相连，这却让我们从另一个角度看到了生活中的肖培根："老肖这个人工作有热情，另外他接受新鲜事物比一般人快，甭管让干什么，他反正都能折腾出来，脑筋也比较活。他心也宽，不像我似的，有一点事睡不着觉。他性格也比较好，不爱发脾气，比较温和。所以两个人走在一块儿了，也是属于缘分吧。老肖家里的经济条件比我们家强。老肖这人有钱没钱都能过，灵活性比较大。因为我不属于脑筋活络的，性格也不是挺开朗，爱发愁，他正好跟我相反。当初能走到一块儿，可能也跟性情上不针尖对麦芒有关系。"

怎么摆正工作与生活的关系呢？夫妻俩怎样做才算

是以工作为主，不耽误工作，不影响业务发展？那时工资低，要带好两个孩子，不精打细算日子会很难过的。为此冯毓秀买了一台缝纫机，平常孩子的衣服以及缝缝补补就都不用求人了。即使生活上如此节省每一元钱，但在支持肖培根的工作上，她从来都"大方"，从不拖后腿。说到这里肖培根很感慨地说：

"我经常到野外工作。到各地进行药用植物和中药的调查，虽说出差有少额的补助，但总是入不敷出。比如到西藏，花费比较多，每年都会有一定的亏空。当时，大家都是节衣缩食，节省下来钱买彩色电视机，但是我不这样。每当我出差回家，她总是开玩笑说：你这次出差又把一台彩电赔掉了吧？"

对此，作为家庭主妇，冯毓秀说得平实却让人感动：

"当时老肖年年出差，他是搞植物的，他不出差，总不能对着标本搞研究吧？所以家里经济情况是比较困难的。年年老肖回来得亏、得补。别人都是省吃俭用，从嘴上抠。老肖说我不，我把身体抠坏了，将来更麻烦。……后来西藏出差是他自己要去的。因为当时西藏是一个空白点，像是一个没开垦的处女地。我想他搞植物的，他愿意去就去吧。西藏他一做就是两三年。我觉得家庭负担再重，我也得管孩子、得管经济，从没有影响老肖的业务。"

当年，大家不仅经济上拮据，个人的时间也少得很。每周只休息一天，每天晚上还要开会。这对科学家夫妇的生活是怎样的？冯毓秀回忆道：

"晚上开会，基本上很难歇一晚。我们俩要不在一个室，我可以请假，我要不是党员也可以请假，但我们却是开会时俩人有一个不在都不合适，我只能带着孩子开会。研究室里有一张钉标本用的大长条桌子，老大还没上学，在那个标本桌子上来回爬，也不闹，也不出声，就这么凑合过来了。当时也比较苦，老二肖伟总说，净让我穿姐姐剩的衣服，全是拿缝纫机补过的。当时一到礼拜天，老肖就借一个车，推蜂窝煤烧炉子用。"

那个年代买什么东西都要票，比如粮票、肉票、布票等，即使有钱没票也买不到东西。冯毓秀的父亲喜欢聪明英俊的女婿，也心疼忙碌的女儿，想方设法给他们改善生活。"老肖礼拜天到我家，我爸就到陶然亭土坡那儿的一个小饭馆，那里可以买到不要票的肉菜或者鱼。我爸那阵也退休了，就给他去买好吃的。"

他们诉说的往事恍如隔世。那段历史不可以忘却，因为正是千千万万个肖培根、冯毓秀们,在中华人民共和国成立之初,打破了西方国家的封锁,用国产资源替代了进口必需品,为国人竖起了医疗健康的防御屏障。他们的家国情怀,丰厚的精神财富,值得后来者永远学习、继承、发扬光大。

又红又专的翻译

20世纪50年代，我国与苏联有过十年的"蜜月期"，苏联曾经援建中国许多大型工业项目，比如长春第一汽车厂、武汉钢铁厂、洛阳拖拉机厂等。同时，苏联还派遣了大批专家顾问，培训中国的技术人员，接收中国的留学生和进修生。在医疗卫生系统也曾如此，比如友谊医院，就是当年中苏友谊的硕果。

1955年，中央卫生研究院来了苏联顾问著名药用植物学家基里扬诺夫。他曾任苏联药用植物研究所栽培室主任，对药用植物栽培具有多年的实践经验。基里扬诺夫对中国人民十分友好，他带领我国年轻的科研人员，调查药用植物的分布并指导栽培试验，对我国制订开发药用植物的长远规划与课题设计研究作出了重要贡献。

当时年轻、业务好、英语好，又在俄语速成班里出类拔萃的肖培根，奉派陪着苏联专家在海南、广东一带考察。基里扬诺夫给年轻的肖培根留下了难忘的记忆：

"在我参加工作的时候，世界上还存在一个社会主义阵营。他们有一个计划，即准备建立一个社会主义阵营的药用植物研究所，地点就选在了中国。为什么会有如此选择呢？因为中国生态类型完备，特别是有热带和亚热带地区，故药用植物资源非常丰富。由于当时越南还没有解放，社会主义阵营中的国家很少有热带和亚热带的地理环境。于是他们派了几位苏联专家来到中央卫生研究院药物学系工作。我当时是药用植物室的负责人，派到我们室的是一位栽培专家，叫基里扬诺夫。他是一名布尔什维克。

"基里扬诺夫到了我们药用植物室以后，举办了几次全国性的关于药用植物方面的培训班，全国各地派了许多人参加，他对于培养造就中国第一代药用植物栽培人才起到了很大的作用。遗憾的是，后来他感觉身体极不舒服，到北京协和医院接受检查。当时的主治医师是张孝骞教授，他在基里扬诺夫的腹部敲敲打打仔细检查后，说可能胰腺有问题，通过详细的化验检查后证实基里扬诺夫得了胰腺癌。一天以后，基里扬诺夫乘飞机回莫斯科，我们大家到机场送行，他回国后不久就去世了。就是在基里扬诺夫的建议下，才有了我们今天的药用植物研究所，也是他向当时的卫生部部长李德全等建议，在西北旺成立了药用植物资源开发研究所的前身——药用植物种植场。

"在20世纪60年代，许多从河北调来的老工人，就在西北旺这一片坟地上一锹一锹地建成了农场。第一任场长是裕载勋教授，也是苏联专家点名，从北京农业大学调来开展药用植物研究工作的。我和他们一起，收集了大量的资料。比如有哪些主要药材？这些主要药材都分布在哪些地区？全国的产量是多少？人参栽培的情况怎样？各种中药的情况怎样？"

在那个"政治高于一切"的年代，肖培根曾经历过冰火两重天的磨难，以及坚持原则可能承担"政治风险"的考验，肖培根说：

"基里扬诺夫去世以后，在中苏关系紧张的前夕，苏联又派了一批专家，分配到我们研究所的一位叫米凯兴的专家提出要到全国考察，当时主要由我陪同。那时我还不到30岁，记得领导交代给我的一句话就是：要严格按照已定的计划执行，不得更动。

"比如，我们在海南岛考察时，米凯兴自己采了标本，压了标本，还要把这些标本和采集的种子都带走。另外，他还提出要到榆林港考察。按照上级的规定，这些标本不仅不能带走，考察路线也是不能改变的。因为这件事，我和这位苏联专家吵了一架，吵得很厉害。他拍着桌子骂我：'你怎么能干涉我的行动？我要去榆林港考察，你为什么不让我去？'我说：'上级领导没有交代我带你去那里考察。'因为这个原因，影响了我们之间的关系。考察完海南岛之后，我们接着去了云南，上级还给我们派了一辆小汽车。在丽江考察时,我一天之中连续接到北京的几个长途电话,大意是:接到苏联驻华使馆的通知,苏联专家要立即回国。于是通知米凯兴中断考察,马上从丽江乘小汽车到昆明。

"从丽江回昆明的三天,是很漫长的三天。我心中一直在嘀咕一件事:是否因为我的坚持而得罪了苏联专家?他可能给苏联驻华使馆打了长途电话,使馆才叫我们回去的?如果真是这样,那回到北京以后,我肯定要受到严厉处分!于是拐弯抹角地问他:'这次让我们回去,你知道是什么原因吗?是不是家里有事啊?'他说对我的印象很深刻,又说:'我们这次回去不是你的事,也不是我的事。'到了昆明我才明白,苏联和我们国家在一些原则问题上有了分歧,把在中国的专家都撤走了。在云南的苏联专家都在昆明集中后,第二天乘飞机回北京。没想到,回到北京以后,我没有挨批评,反而还受到了表扬。因为我严格地执行了上级的指示,他要去榆林港参观被我制止了,他要带走标本和种子我也制止了。同事们都说我做得对,敢于坚持原则,没做损害我们国家利益的事。

"政治的问题,不会影响两国人民的友谊。我后来到过苏联几次,总的感觉是无论政治风云如何变化,苏联人民对我们始终是非常热情、非常友好的。"

那一年，肖培根被评为"先进工作者"。

在 20 世纪 50 年代中后期，除了苏联还有别的社会主义国家的专家来访，肖培根多次陪同他们到东北人参的原产地考察。记忆最深的是 1958 年，从保加利亚来了一个女专家，要研究野生人参，中国的人参那个时候还是比较有名的，她想来看看野生人参的生长环境，肖培根陪她一起出差到东北。这也成为野生人参调查研究史上一段珍贵的记忆：

"当地有关部门很配合，派人先到有野生人参生长的地方寻找，找到之后，再叫我们去。因为在长白山常有黑熊出没，所以在调查和采集野生人参的周围都有武装民兵保护。我们跋山涉水来到了生长野生人参的地方，到了之后，我就用过去在学校里所学到的植物生态学的知识，先看有野生人参生长的地形，周围有哪些树与它共同生长，土壤条件怎样，光照条件怎样等。对几个长在一起的野生人参作为群落进行标本采集，观察野生人参的根系在土壤里是怎样分布的。我们亲自挖，亲自绘制成图，也拍了照片。那次调查野生人参我们第一次做了一件有意义的工作，就是在中国医学科学院统计室的帮助下，将我们采集的大量的有关野生人参的资料，请有经验的人鉴定生长年限。这些原始资料，比如体重、大概生长了多少年等，经过统计处理后证明，野生人参的生长速度比栽培人参慢得多。野生人参的生态条件比较恶劣，生长的速度很慢。栽培人参一年生一个芦碗，而野生人参好几年才能生出一个芦碗。我们做了一个野生人参和栽培人参生长速率的比较试验，发现一棵5年生大小的栽培人参，在野外生长起码要30～40年。因此，野生人参比较贵，药效也比较好。从经济观点来考虑，单位时间内还是栽培人参要远远比野生人参的经济效益高。"

当年翻译人才奇缺，像肖培根这样既懂专业又懂外语的人才更是凤毛麟角。他不仅在中国医学科学院声名鹊起，在卫生部也"挂了号"，也是他后来成为"友好使者"的缘由。

天降大任

1958年8月15日，卫生部批复中国医学科学院药物学系，改建为中国医学科学院药物研究所，肖培根被任命为药物研究所药用植物研究室负责人。这是名家荟萃、欧美留学生集聚的国家级研究所学科带头人的位置，其时肖培根26岁，只有本科学历，职称实习研究员。他能行吗？

药用植物研究室的同事、后来成为他夫人的冯毓秀教授回忆说："他实际上比我们也就早两年工作，最多三年。他1953毕业，我1955年毕业。他实际上仍是实习研究员。我是基本实习研究员，他是高一级的……老肖这人有一个特点，什么工作来了，不管会不会他都不怕，他敢接。他脑瓜也灵，能接受新鲜事物，基本上什么工作都能干下来。他在植物研究室里逐渐成长为一个小头头……任务压他，反而促使成长起来，因为他不怕困难。其实我们这个室的成长也是这样一个过程。"

肖培根自己怎么看呢："开始的时候是很困难的，几乎没有什么高级的科技人员。像我这样的，我比人家早毕业，就自然而然地开始忙了，后来就变成头了。所以外面的人都说你出道很早呀，你二三十岁就出道了。我说不是我出道早，是因为没人嘛。全国中药普查，编书呀或者整理呀，都要管。"

其实，与其说是初生牛犊不怕虎，不如说是功夫不负有心人。早在肖培根刚刚工作的时候，就与比他早半年或一年参加工作的王孝涛、毛训华关系很好，肖培根亲切地称他们为师兄、师姐。人家是科班出身，老资格的药学家赵橘黄先生正在给他俩"开小灶"。那会儿年轻人少，但上进心都强，大家有空儿也是谈专业的时候多。作为"有心人"，肖培根从师兄、师姐身上没少学艺。肖培根和他们在一起调查中国的中药市场，究竟哪些是常用中药，哪些是较常用中药，哪些是次常用中药，哪些是少常用中药等。通过调查就对中药的情况有了一个初步了解。这些工作也为中华人民共和国成立后的第一次全国范围的中药普查打下了基础。

除了赵橘黄，姜达衢、傅丰永、叶三多、周梦白等专家，也都非常喜欢这个聪明勤奋俊朗的年轻人，都给他开过"小灶"，都对他倾囊相授。在学术修养上，冥冥中上天"眷顾"了肖培根。虽然没有明确哪位是他的导师，也不可能提升他的学历，可是博采众家之长，却属可遇不可求的历史机遇了。

在名师的引导下，肖培根发愤读书。他成了图书馆的常客，只要是有关中药的书籍，他都要反复地阅读。记得当时有一部於达望编著的《国药提要》，他在上面密密麻麻地写了许多的读书心得和笔记。那时肖培根每个月的薪金，除了伙食费的支出外，大部分都用来购买中医药和植物方面的书籍了。《国药提要》选录中药1146种，依植物、动物、矿物及其科属分类次序，排列成表解方式。每药记有中文名、拉丁学名、药用部分、成分、效用、产地等项，末附笔画索引。该书是於达望先生的作品，1950年由新医书局出版。

肖培根刻苦读书的同时也非常重视实践。虽然参加工作仅五年，但他的实践时间却不短。每年大部分时间奔波于全国各地，风餐露宿习以为常，意志与胆识均得以历练。

1958年，卫生部下达任务，要求药物所植物研究室把全国中药资源的情况摸清楚，用现代科学方法对传统中药进行一次全面总结和提高，以全面反映中华人民共和国的成就，迎接十周年国庆，史称"第一次全国中药普查"。

第一次全国中药普查，意义重大。国人吃了上千年的中药，但"家底"到底如何却无人知晓。作为国家的重要战略资源说不清楚当然不行，可是"摸清楚情况，全面总结和提高"绝非易事。首先是没有可借鉴的资料，其次是专业技术人才极度匮乏。

面对山一样的困难，研究室里有了不同的声音。有人贴出了38∶0的大字报还画了漫画。冯毓秀回忆说："中药资源大普查，这是国家的号召。室里正好来了两批人，全室一下就变成了38人，可没有一个有高级职称的。有位同事来了一个38∶0，就是诉苦，说我们这儿没专家。0是专家，38是大学生。"

肖培根对此记忆犹新："那时候，可以用四个字来讲，一无所有。图书馆的文献，就连哪些是常用的中药的资料都没有。要规划全国有哪些药用植物，有哪些中药材都不知道。那个时候都是零。"

肖培根非常清楚困难，却不畏惧。他颇有大将风度、胸有成竹、指挥若定：第一，聘请楼之岑、诚静容等专家做普查工作的兼职指导老师，形成技术支撑和技术保障；第二，确定以中药材的"常用度"为普查的主要范围，明确任务方向，重点抓五六百种常用中药，抓住了这个大头，就等于抓住了全国七八成的中药资源；第三，学中干，干中学，边干边学。即使今天评价肖培根当年的战略战术，依然可圈可点、值得钦佩。

虚心学习，是肖培根的第一大"法宝"：

"全国这么大，怎么把全国的情况都搞清楚？有一点我们做得比较好的就是学习。因为我不是学药的，所以出去调查必然要去药材仓库。到药材仓库就问这个是什么药,能治什么病,有什么鉴别的特征,跟中药老师傅学,后来我都有点像老师傅了。那个时候连大学的中药系都还没有呢。到下面就跟药农学,药农告诉你这个是什么草药,那个是什么草药。"

抓大放小,分片到人,是肖培根的第二大"法宝":

"对全国的普查呢,不一定全部铺开,先以常用中药为主。那个时候我已经是小头头了,其实相当多的人年纪还比我大,因为我大学毕业比较早嘛。大家每个人都有任务。譬如两个女同志就分配到青海,两个人包一个省。我是负责东北三个省。基本上都是用这个办法,调查比较集中的就是常用中药。常用中药才几百种嘛。"

很快,肖培根根据每个人的特点和特长,把植物研究室的年轻人派到全国各地"常用度"高的产区,他自己则带头选择了资源相对比较多的、工作量大的东北地区。当时图书资料奇缺,只要一见到相关文献,他就马上拿来如饥似渴地阅读。缺少中文资料,就把仅有的几本日本人编写的、在日本早期出版的图谱,随身背着转战东北长白山、大小兴安岭等地。为了事业,他还捡起了在学校里不喜欢学的植物分类学,对照实物一种一种地记,一类一类地分。这是属于哪一个科的,有什么特征等。后来他发现在实践中学,不仅学得好而且学得快记得牢。

20世纪60年代的大学生比今天的博士还要稀少,肖培根从来没有自命不凡,从来都是以学生的身份,发自内心地向经验丰富的药农、中药师傅虚心求教。一个来自"中央单位、肩负中央任务"的大学生干部,他的虚心与诚意,着实打动了每一位药农、每一位中药师傅,他们纷纷把自己"压箱底"的绝技倾囊相授,这使得肖培根掌握了许多书本上没有、实践中非常有效的技能,学到了许多可遇不可求的"绝学"。

肖培根的这段"求学"记忆,即使对今天的年轻人也不无裨益:"我最好的老师就是当地的药农。药农不仅可以给我带路,而且他们也有很丰富的经验。我们采了腊叶标本,带回来对着日本的图谱认,像看图识字一样。通过拜药农为师,一种一种地学习,认识了一批中草药。慢慢地我就认识了益母草,知道了益母草的样子长得和艾蒿差不多。开始时还不能认得很清楚,以后又知道了益母草的茎是方的,艾蒿的茎是圆的。进而了解了不同科的特征,益母草是唇形科的,艾蒿是菊科的。这样,我又捡起了在学校里最不喜欢学的植物分类学知识,在实践中学得很快。我的药材方面的知识也是到了药材公司，拜药材公司的老师傅们为师。他们告诉我怎样鉴别中药，当归的特征是什么、白芷的特征是什么等。他们还带我到仓库里去，一种一种地认识、鉴别中药材。很多的中药老师傅，比如天津的董震初老师傅曾指导过我。怎样鉴别羚羊角、虎骨，怎样鉴别真假犀角等，老师傅们都有一套自己摸索的很丰富的经验，我是他们言传身教的徒弟。我总是称他们为老师，关系处得很好。这样，我一面工作，一面学习，通过几年在外面的普查，使我在植物学、生药学方面的知识都有了很大的进步，掌握了全国常用的中草药的植物学和生药学特性。也可以说，我大学毕业参加工作的头几年，通过中药普查的实践，等于又补上了一次中药学院。这方面的知识和经验，帮助我以后较顺利地去调查和整理藏医、藏药以及非洲草药。我对老药农有比较深厚的感情，他们在实践中积累的传统经验是非常丰富的，我们应该尊重他们。"

第一次全国中药资源普查历时两年，于1960年圆满结束，肖培根向国家交出了满分的答卷。通过这次普查，对我国常用中药资源的地域分布、品质优劣、大致产量、存在的问题、解决的建议等，均在总结报告中有准确翔实的表述。这是中国近代中药资源最具权威价值的报告，其准确可靠的数据，成为新中国中药资源宏观管理的依据。

作为"有心人"，肖培根带领大家将采集的大量中草药样品，整理出5000余种、9万余份标本，建起"中药标本馆"。至今，中国医学科学院药用植物研究所的标本馆里，仍能找到大量标本采集人的名字都写着"肖培根"。这种积土成山般的努力，为后来的研究工作提供了极大的便利，成为我们国家的宝贵财富，受到了国际友人的青睐。

药物所植物研究室的青年才俊，还改革了标本压制方法，改革后的方法既快又好。用这个方法能够缩短压制标本的时间至原方法的1/17～1/15，更重要的是能够保持植物原来鲜艳的颜色。这项发明经过专家们的鉴定，认为已超过了当时的国际水平。这项创新成功以后，更鼓舞了年轻人的决心和信心，准备在当年再完成几项达到国际水平的创新。

与此同时，肖培根和楼之岑、诚静容等编写的《东北植物药图志》，于1959年由人民卫生出版社出版了。编写《东北植物药图志》的过程，既是学习历练的过程，也是他后来编写《中药志》的序曲。

当第一次全国中药普查进入尾声，《东北植物药图志》即将付梓印刷之际，全国上下正在展开轰轰烈烈向国庆十周年献礼的热潮。最有代表性的献礼工程是首都"十大建筑"。在没有塔吊等基本设备的条件下，人民大会堂、民族文化宫、华侨大厦、农业展览馆、工人体育馆、北京火车站、中国历史博物馆、解放军历史博物馆、钓鱼台国宾馆和民族饭店，在不足一年的时间，于1959年10月1日前全部竣工。除华侨大厦因特殊原因推倒重建外，历经近七十年的风风雨雨，"十大建筑"已成为北京地标性建筑了。在全所讨论如何"献礼"的时候，肖培根大胆地提出：利用中药普查的成果资料，编写新中国第一部《中药志》。与第一次中药普查一样，这个"第一部"依然是国家级的。

《中药志》采用了药用植物室团队自己设计的体例，包括从应用情况看，是不是一种常用中药，或是较常用中药，或是很少用的中药。目标是集中整理研究全国的常用中药，了解它的本草历史，古代什么时候开始用的？应用的沿革怎样？它的原植物有多少？它的药材形状、组织、外形，有宏观的，也有微观的。有些有化学成分的介绍它的化学成分、传统疗效，最后还有一个附注，讨论相关问题。这样的设计都是以他们自己的实验工作为基础完成的。比如他们把采集的原植物逐一整理、鉴定，每一种药材都要做成切片，描写它的显微组织特征。到了1962年，四卷共计100多万字的《中药志》就出齐了。

《中药志》的出版，不仅受到国内药学界的高度重视，而且也赢得了国际药学界的称赞。日本生药学权威刈米达夫博士，当时是京都大学名誉教授，他在著作中引用了《中药志》的内容并赞誉："中国植物学者经过独立的考证，对于过去的许多错误进行订正，在中药基源方面的研究是一个巨大的进步。"著名的植物学家胡秀英博士，当时在美国写了数篇文章介绍《中药志》。20年后，胡秀英在国内的讲座上是这样评价《中药志》的："60年代我在哈佛大学燕京研究所的中文图书馆，看到1959年至1962年出版的中药志第一册和第四册，非常快乐，钦佩国内研究药物的同志有如此精美的成果。在中国药物史上，陶弘景的《本草集注》和李时珍的《本草纲目》都是划时代的，但他们的工作没有把中药知识提到科学的水平。这本《中药志》是集以往的大成，把中药提高到科学的水平上来，是划时代的作品。根据这些资料，我把'麻黄''石斛''人参'等篇编译成英文，在《经济植物》（*Economic Botany*）上发表。"

这个成果得到第一次全国科学大会的奖励，药物所植物室也被评为"先进集体",这对大家付出的辛苦劳动是一个很好的回报和鼓励。这项工作为年轻人树立了信心,使他们认识到:只要方向对头,群策群力、艰苦奋斗,一定能做出得到国际同行们赞赏的事情。

《中药志》作为时代的产物,深深地影响过那个时代中药学的发展。改革开放后,随着中医中药热的兴起,中药研发也迅速升温,第一版《中药志》的内容已显陈旧了。肖培根像重新梳妆打扮自己的孩子一样,决心修订《中药志》,他说:

"我们在20世纪80年代曾经组织过全国多所中药研究和教学单位的中药专家,共同修订出版了《中药志》第二版,一共六卷,前五卷都是植物药,最后一卷是动物药和矿物药。《中药志》的内容得到了充实,质量有了很大的提高。我们又增加了很多显微的特征,把当时研究的化学成分、药理作用、临床观察的一些进展都反映在这部书里。"

进入21世纪,《中药志》第二版再次进入修订期。已经古稀之年的肖培根壮心不已,决心做大幅度的修订,因此起名为《新编中药志》,并再次担任主编:

"再编《中药志》时,发现当初修订《中药志》的同志有的已经故去,有的年事已高,绝大多数都已经退休了。因此，像修订版那样把大家召集到一起确实有很大困难。这时候，由中国医学科学院药用植物研究所和药物研究所的老同志承担起这样一个修订的任务，成立了编委会，由10位同志组成。编委会一致推选我作为全书的主编。经过两年多的努力，终于在2002年把《新编中药志》四卷完成了。该书的文献资料基本上都收集到了2000年，有的还收集到了2001年。此外，《新编中药志》增加了指纹图谱、质量控制，基本上这部书可以作为《中华人民共和国药典》的注释本。截至2002年年底，四卷已全部出版了，前三卷是植物药，第四卷是动物药和矿物药。这部书出版后受到了广大读者的欢迎。当年就被中国化工协会评为优秀图书。桑国卫院士、谢宗万教授和陈德昌教授等均撰写了书评，给此书以很好的评价。"

四十余年，三个版本，滋润着全国几代中医药人才的茁壮成长，记录着肖培根等老一代科学家严谨治学、精益求精、有始有终的精神和值得代代相传的品格。

如果说《中药志》是连续40余年的鸿篇巨制，那么"全国中药资源普查"更是跨越半个多世纪的系统工程。

在肖培根领导的第一次全国中药资源普查之后，我国又开展了三次。站在历史的高度，他对三次中药资源

普查的特点给予了概括性评价,从而既反映了我国中药资源科学研究的进步,也折射出这位中药资源学大家的睿智光彩:

"第一次中药资源普查是从无到有的阶段,一切从零开始的时期。此次调查以常用中药材为主,并在1959—1961年编写出版了新中国第一部中药著作——《中药志》,收载常用中药材500多种,获得1979年全国科学大会奖。第一次中药资源普查在几乎没有任何经验、资料可借鉴的情况下,普查人员踏遍全国把中药资源的情况基本调查清楚,为中药资源后来的发展打下了基础。中药资源调查后编著的《中药志》,被日本生药学界评价为'中国科学工作者独立进行中药资源研究所总结的现代科学著作'。

"第二次中药资源普查是一个由少到多的阶段。20世纪70年代,开展了中草药群众运动,动员全国的力量,将各地的中草药进行调查整理。这次调查一方面完成了对中药资源由少到多的量的积累,另一方面对于中药传统的经验、知识、药方等资料,开始搜索和积累,代表著作为《全国中草药汇编》(上、下册)。

"第三次资源普查的特点是规模大、系统化、理论化,基本摸清了家底,掌握了情况,是由粗到细的阶段。20世纪80年代，按照国务院第45次常务会议的决定，对全国中药资源进行系统调查研究。其目的是全面摸清家底，制定长远开发规划。由中国药材公司具体组织实施的第三次中药资源普查，比前两次更加系统、更加全面、更加正规、更加扎实、更加细致，并获得了大量的第一手资料。调查结果表明我国中药资源已达12807种，其中，药用植物11146种，药用动物1581种，药用矿物80种。在此基础上，出版了《中国中药资源丛书》，使大量的实践经验上升为系统理论。"

对于2011年开始的第四次中药资源普查，肖培根认为：

"第四次普查应该更加完善、更加科学、更加面对现实。他指出：此次普查要充分利用现代科技手段，把中药资源调查好、管理好、保护好、利用好，这也是此次资源普查与前三次普查的区别。不仅对中药的品种、产地、数量等进行调查，更要把物种中有相应价值、可利用的基因情况调查清楚，使我们更全面地了解生物多样性，更好地为人类服务。在进行资源普查的过程中，要更多地采用现代科学技术和方法，如3S技术［GPS（全球定位系统）、RS（遥感）和GIS（地理信息系统）］，更全面地掌握全国的中药资源情况，并且将这些资源信息数字化、动态化。国家相关管理部门在掌握这些资源信息后，科学地管理好、利用好。发挥主观能动性，实施宏观调控，让每一个地区药材生产保持平稳，缺则增之、盛则抑之。在微观上，通过对药材物种基因筛选和培育，使药材品质更加优良。调控是科学发展观给我们的一个启示，要遵循科学规律办事，不仅有利于百姓的健康，也有利于农民获得更多的利益，更是对中药资源及环境的一种保护。"

第四次全国中药资源普查正式启动于2011年，肖培根任首席顾问，与第三次普查相隔20多年。其间，肖培根从20世纪90年代末就开始积极倡言第四次普查，提出中药资源可持续发展的呼吁。希望通过这次普查，"充分利用现代科技手段，把中药资源调查好、管理好、保护好、利用好，这也是此次资源普查与前三次普查的区别"。因为中药资源是国家的战略资源，是中华民族生息繁衍的一道屏障。如果说西医西药是世界各国医疗保健的武器，中医中药则是我们中国人独有的第二件武器。这个"独门绝技"，在应对像SARS、疟疾等顽症，展现的效力已为世界认同。伴随着中药热的兴起，掠夺式的采集挖掘导致中药资源被严重破坏，已经是不容忽视的现实：400余种常用中药材，每年有20%的短缺，许多珍稀濒危药用植物濒临灭绝。因此，肖培根不断倡言呼吁中药可持续发展，不断提出具有前瞻性的指导方略。

第四次全国中药资源普查，由国家中医药管理局组织，普查覆盖了全国 2702 个县，新收集标本实物 310 万多份、数据 3345 万条，共发现 4 个新属 196 个新物种，初步研究发现约 60% 有潜在药用价值。普查确认我国共有中药资源 18817 种，其中我国特有药用资源 3151 种，并筛选出 59 科 114 属 464 种濒危药用植物，出版了《中国药用植物特有种》《中国药用植物红皮书》，为药用植物保护、开发、利用提供了依据。

普查期间，共建立了 31 个药用植物重点物种保存圃，作为高校的科普和教学基地，提高了药用植物的保存、繁育和服务能力。普查过程中，还建立了全国最大的中药资源标本实物库，保存普查收集的腊叶标本等实物 120 万份，形成中药资源标本实物信息库，建设了 28 个种子种苗繁育主基地和 180 个子基地。

发现新属种

1962年2月，肖培根因工作需要，到中国科学院植物研究所开始了两年的进修，专业方向是植物分类学，肖培根这样说：

"我们对全国中药资源进行普查后，有大量的标本需要鉴定，我感觉到自己植物分类学的知识也需要提高，因此领导派我到中国科学院植物研究所进修两年植物分类学。当时，带我的就是著名植物学家王文采教授，他现在是中国科学院院士。我研究的是中国毛茛科植物和药用植物。因此，在我的著作里，毛茛科的药用植物占了很大的比重。这个进修的机会使我可以静下心来学习，每天往返宿舍和标本馆，大部分时间都在标本馆看植物标本和药用植物标本，同时也查阅了很多主要是药用植物的类群和文献资料。比如人参属、贝母属、大黄属、淫羊藿属、八角莲属等的标本，我都在标本馆里仔细地查阅了几遍。植物分类有一套根据国际命名法的规则，对于新的植物，即新种新属，都要用拉丁文命名。进修的两年，我植物分类学的知识有了很大的提高，比如什么叫同名、异名，什么是真正的科学学名，什么是模式的概念，什么是后选模式，拉丁文应该怎样写等。我经常向知名的植物学家请教，比如钟补求教授、匡可任教授等，他们都是我的好老师。"

肖培根到中国科学院植物研究所进修之前，王文采就听说过他组织了第一次全国中药资源普查，还在植物所的标本馆见过他查阅标本。此时王文采正在参与《中国植物志》的编写工作，于是邀请肖培根参加。王文采说：

"当时我正在进行中国毛茛科金莲花亚科和唐松草亚科志的编写工作，就请肖培根承担其中升麻族和耧斗菜族的编写任务。这两个族都不太大，但我没想到肖培根在此二族的分类学研究中做出了突出研究成果：发现了一个新属和不少新种。"

《中国植物志》是目前世界上最大型、种类最丰富的巨著，全书80卷126册，5000多万字。记载了我国301科3408属31142种植物的科学名称、形态特征、生态环境、地理分布、经济用途和物候期等。该书基于全国80余家科研教学单位的312位作者和164位绘图人员80年的工作积累、45年艰辛编撰才得以最终完成。2009年，《中国植物志》获得国家自然科学奖一等奖。

在编写《中国植物志》的过程中，肖培根鉴定了大量的毛茛科植物，亲自解剖了许多毛茛科植物的花，每天都在观察毛茛科各个类群的蜜叶是怎样的、花瓣是怎样的、花萼是怎样的、中间的进化过程是怎样的。通过大量观察和研究，有一天肖培根突然发现：*Isopyrum* 属和邻近的一些植物类群有明显的不同。他立即和王文采教授讨论，最终确定了这是新的一个属。因为这个属和真正的 *Isopyrum* 属，在形态上有一系列重要差别，它的果实是两叉的，像倒写的一个"人"字，于是两人就给它取名为 *Dichocarpum*——人字果属（Dicho- 是两叉的意思，carpum 是果实的意思），命名人为王文采、肖培根。王文采回忆道：

"新属的发现是由于肖培根注重花的解剖工作，他对耧斗菜族的各属、各种的花均进行了认真、仔细的解剖，并进行绘图。在这个工作中，他发现当时被鉴定为 *Isopyrum* 属植物，扁果草 *I.anemionoids* 的花瓣具很短的柄，心皮 2～5 枚，完全离生。另外一些种的花，花瓣有细长的柄，心皮只有 2 枚，在基部合生。此外，其叶的小叶裂片顶端微凹，在凹缺底部存在腺体。这个特征，以及上述花瓣和心皮的特征，不但与 *Isopyrum* 属不同，在耧斗菜族的其他属中也不存在。这时，肖教授将其新发现告诉我，并让我看了他在解剖镜下解剖的花各部器官，我看过后对他发现的此新属当即表示赞同。肖教授遂根据果实特征拟定新属拉丁学名 *Dichocarpum*，他研究了此新属我国的 9 种植物，以及分布于喜马拉雅中部和日本的7种植物，很快写出了论文'毛茛科 – 新属 – 人字果属'，于1964年在《植物分类学报》上发表。发表后，很快就得到日本毛茛科专家田村道夫和英国毛茛科专家L. A. Lauener的承认。

"肖教授发表此新属名时，把我作为此属名的第一作者，他对我的过分尊重使我深为感动和感激。论文发表后，田村道夫教授立刻来信表示祝贺，并提出进行学术交流的愿望。《中国植物志》收载毛茛科金莲花亚科和唐松草亚科志的27卷于1979年出版，田村教授在收到此卷赠书后，又来信表示祝贺，同时特别对肖教授为此科撰写的'毛茛科植物的化学成分和疗效'一节表示赞赏。此后，肖教授和他的学生们，发表了多篇关于毛茛科药用植物的论文，对毛茛科的系统发育研究和我国此科药用植物资源的研究作出了重要贡献。"

在此后的研究中，肖培根又陆续研究发现了药用植物的32个新种和11个新变种。其中的四种：三角叶黄连（雅连的原植物）、蒙古黄芪、暗紫贝母（川贝母的主要原植物）、湖北贝母，后来被2000年版《中华人民共和国药典》收载，为保证中药用药的正确性起到了重要作用。1982年，我国发行了一套药用植物特种邮票，以肖培根名字"Hsiao"命名的暗紫贝母位列其中。在我国正式发行的邮票中，以人名命名的实属罕见。

Dichocarpum- 人字果属的发现，纠正了 100 多年来世界著名植物分类学家的一些不正确的分类方法。

2011年，距肖培根 1961 年到中国科学院植物所进修已经 40 年了。他在回忆录中写道：

"《中华人民共和国药典》2000 年版中有四个植物是我所发现的新种或是新组合。第一个是三角叶黄连（雅连的原植物，*Coptis deltoidea* C. Y. Cheng et Hsiao），第二个是蒙古黄芪［*Astragalus membranaceus* Bge.var. *mongholicus*（Bge.）Hsiao］，第三个是暗紫贝母（川贝母的主要原植物，*Fritillaria unibracteata* Hsiao et K. C. Hsiao），第四个是湖北贝母（*Fritillaria hupehensis* Hsiao et K. C. Hsiao）。这几个植物的名称后面都用我的名字 Hsiao 命名。在同一版国家药典里就收载了四个、由同一个人发现的植物药，并以他的名字命名，这在国内外也是不多见的。我还担当了几任植物分类学报的常务编辑，故也有人认为我早期是一个药用植物的分类学家。其实，我在药用植物分类学方面的知识也是'半路出家'学习的。"

创立新学科

1978年,《药学通报》第1期第1～5页上,发表了肖培根的重要论文"植物亲缘关系、化学成分和疗效间的联系性",标志着孕育了二十余年的一个新学科的诞生,也标志着一个新时代的开始。肖培根能够在《药学通报》停刊10年后复刊的首期首页发表论文,原因只有六个字:分量重、质量高。

"植物亲缘关系、化学成分和疗效间的联系性"的植物系统发育和分类的概念,即使外行看思路也非常清晰:

"中草药绝大部分来源于植物,而目前世界上数十万种植物都是经过了漫长的历史时期逐渐演化来的。在演化的过程中,它们之间形成了或远或近的亲缘关系,这就是植物的系统发育概念。亲缘相近的种,不但在外形上相似,而且基于遗传上的联系,生理生化特性也相似,因而所含的化学成分往往也比较相似。药用植物的生理活性成分大都属于植物次生代谢产物,在植物界的分布一般更具有规律性。因此,来源于植物的中草药,能更容易地看出植物亲缘关系、化学成分和疗效间的联系性。"

博览群书的肖培根,还从我国历代中医药经典著作中得到启迪:

"人们在与自然和疾病作斗争的过程中,通过不断实践,逐步认识了植物亲缘关系、化学成分和疗效间存在着联系这样的事实。在我国古籍中早有'神农尝百草'的记载,《内经》中已将这种尝百草、用百草的经验总结为'辛散、甘缓、酸收、苦坚、咸软'。从现代观点来看,辛、甘、酸、苦、咸都是人们的味觉器官,对一些特定化学成分的反映。明代著名药学家李时珍通过长期辛勤的医药实践,进一步认识到一些亲缘相近的药物具有相似的性味和疗效,并将它们排列在一起。应该说,这在当时是一种了不起的认识。"

尽管"文革"导致我国与国际科技信息交流受阻,但是精通多国语言、关注国际科技发展的肖培根,还是获得了比较新的相关信息:

"到了近代,随着许多植物化学成分的不断被阐明,人们对于植物亲缘和化学成分间存在联系的认识也不断深化,终于在20世纪的60年代发展成一门新学科——化学分类学,也有称化学系统学或比较植物化学。它的任务是探索各个分类群中所含的化学成分或各类化学成分在植物系统中的分布规律,阐明它们之间的联系,以便从化学成分的角度来探索植物的系统发育。这方面的工作以Hegnauer的著作《植物的化学分类》

1～6卷（1962—1973）作为代表。国外已试图用这方面的基础理论知识来指导药物研究工作。在我国探索药用植物中，植物－化学－疗效间的联系的工作也正在开始。"

2015年初冬的一天，在肖培根家里，笔者与他第一次访谈的话题就是药用植物亲缘学最初的灵感是从哪里来的？肖培根把我们带进科研任务、科研方向，与今天完全不同的特殊年代：

"这个讲起来可以用四个字总结——感触良多，还有一句话叫'任务带动学科'。这是我们现在不太讲的一句话，可是在我们那个时代，'任务带动学科'是经常讲的。

"药用植物亲缘学学科的发展确实是有一个过程。回想起来，最早形成这种思想是在20世纪50年代。那个时候，中华人民共和国刚刚成立，西方国家对中国实行了物资禁运，凡是可做药品原料的一概不准向中国出口，怎么办呢？中国要用的药，有很多都是国外进口的，就是要寻找一些能够替代进口药的国产资源。

"这样的话，我们就奔赴全国各地去寻找了。一个最简便的办法就是寻找和进口药最接近的，成功的可能性就比较大了。我们这批年轻人奔赴全国各地，去找跟进口药相类似的一些药物。记得当初最重要的一个药品就是利血平，治疗高血压都要用利血平，当时中国没有利血平，那就找到和它最近的萝芙木。后来，我们药物研究所花费了很大的精力开展萝芙木的化学和药理方面的研究。结果令人振奋，它的成分能够像印度的利血平一样具有治疗高血压的作用，使我们受到很大的鼓舞。从它很相近的药材里就可能找到和它原来生物活性相类似的东西。所以，沿着萝芙木的方向，阿拉伯胶也找到了代用品，安息香也找到代用品，胡黄连也找到了代用品。"

为什么萝芙木"研究的结果令人振奋"呢？20世纪50年代，在全国第一次疾病防治大会上，中国医学科学院立下了"让高血压低头，让肿瘤让路"的豪迈誓言，正是利用萝芙木，冲破国外的封锁，研发出物美价廉、令几代人难忘的降压灵。阿拉伯胶是一种安全无害的增稠剂并能在空气中自然凝固，曾是食品工业中用途最广、用量最大的水溶胶。胡黄连为玄参科多年生草本植物，与黄连名称相似，同为治疗湿热泻痢之良药。胡黄连善退虚热除疳热，而黄连则善清心火泻胃火。安息香主治开窍清神、行气活血、止痛，民间常用的苏合香丸、至宝丹等都离不开安息香。这些原产于阿拉伯、印度、印度尼西亚等地的常用药材，短短数年就被一群努力的青年药用植物研究工作者，在祖国广袤的大地上找到了优异的替代植物，打破了西方国家的封锁，解决了中国人民的需求。作为植物室主任，肖培根肩负着打破封锁、为国民寻找替代进口药的历史使命，他必须登高望远，为国家闯出一条路来。

肖培根的亲缘学说，被老同事孙载明印在脑海里60多年：

"从1957年、1958年我们就认识了，那个时候还不熟悉，但是经常听肖培根的学术报告。有一个学术报告印象深刻，叫植物的亲缘关系跟活性物质的寻找。植物有这个亲缘关系，那就有这个活性物质。他的学术报告，逻辑性很强，不枯燥，很多人都愿意听。那个时候我头一次听他的学术报告就记住'肖培根'这个名字了。"

药用植物亲缘学的研究之路磕磕绊绊，艰苦异常。即使是在"文革"期间，肖培根也没有停止探究的脚步。"文革"中在他下放到北京平谷县的一个小药厂时，利用生产小檗碱的废液提取出小檗胺。他应用亲缘学的思维，与刘昌孝合作研发了一种新药，在多种疾病的治疗中效果显著。这个新药，后来在中国医学科学院还获得了一个奖励。

"任务带动学科"是当年科研人员的不二选择,肖培根是怎样把努力工作与兴趣创新合二为一呢?老伴冯毓秀的说法比较贴切:

"他很早就跟不同学科的工作人员或是科研人员合作。因为他为人比较温和,愿意合作,所以他发表论文、搞研究工作容易成功。比如,植物亲缘学,实际上是好几个学科的交叉。既需要懂点植物学的系统学,还得懂点化学,科属的规律性也得懂点,而且化学太浅还不行。后来他在植物所进修了两年,跟着王文采学习,也对他帮助比较大。"

"任务带动学科",按今天的说法就是科学研究要为国民经济服务,围绕需求谋发展。其实,在应用科学研究领域,不围绕国计民生搞研发,单纯以论文多少、SCI分值多少,作为评价标准怎么可以呢?

1960年,第一次全国中药资源普查结束。除了西藏地区之外,我国常用药用植物资源状况基本掌握。为了响应国家号召"整理祖国医药遗产",填补西藏地区的空白,肖培根主动请缨入藏,系统调查藏药。当年入藏可不像今天的交通便利。那时没有十天半个月根本到不了西藏。

1960年，肖培根从北京坐火车到成都，再坐军车进拉萨。在雀儿山，海拔接近5000米时，高山上有很多积雪，军车不能动了，只能下车清理四周的雪。他那时还不到30岁，劳动时习惯冲在前面。没想到只干了一会儿，头就像要裂开一样地疼痛。因为是第一次进西藏，对高原反应的症状和应对措施没有任何经验。

比起高原反应，更大的问题是西藏还有未肃清的匪徒经常出来捣乱。肖培根回忆道：

"1960年前后，叛匪刚刚平定，所以安全是无法保障的。我们考察活动都跟着部队，因此与部队的药剂师都很熟。我记得到了晚上大家轮流值班。虽然不叫站岗，但不能睡觉，因为要保证安全。

"野外考察还是比较艰苦的。从这个地方到那个地方，在山上跑都得骑马。因为西藏的交通很差，路途远的就是部队派军车，这应该说是最好的条件了。最多的时候，派一个班的兵力。考察团在中间走，前后都有士兵，拿着机关枪。我们自己也带枪，我原来不会打枪，给每个人一把手枪现学。比如，哪个地方有叛匪了，就要带手枪。部队军官会培训一些防叛匪的知识，如果遇到了就把所有的铺盖放在敞篷车边上，围成一个圈利用手枪抵挡一下。最怕就是打冷枪呀，认为没有人了，但是坏人实际上就埋伏在那儿。当初我们调查的时候,这些知识都告诉我们。如果听见枪声响了怎么样处理,这个常识都有。"

肖培根他们在西藏搞的是野外药用植物调查,晚上有时候借宿在寺庙里,或者就睡在牦牛帐篷里面。过了安全关,睡觉也是一关:

"西藏基层的老百姓确实非常苦。全年的衣服就是一张羊皮。夏天、冬天都是它,基本上不洗澡,因此不管到什么地方去,跳蚤都特别多。身上整体的痒,晚上失眠,只能撒六六粉。现在看来六六粉对人身体不好,但它当时能防跳蚤。"

随着时间的流逝,大量的实践使肖培根在药用植物研究上的经验和才干都得到了增长。他调查药用植物的足迹遍及祖国各地。20世纪60年代初,刚结束了《中药志》的工作,肖培根便主动要求到西藏进行考察。他和藏族兄弟一起,第一次对传统的藏医藏药进行了科学的调查和整理,并共同总结出版了《藏医藏药的初步整理》一书,迄今他已六次进藏,对那里的药用植物进行过深入的调查。

西藏山高路险,气候多变,随时面临着生死考验。一次,他们搭乘军车赶路,路面狭窄湿滑,拐弯时车轱辘滑到悬崖边，车停稳后大家面面相觑，心惊肉跳。还有一次上山采药，听驮东西的骡马一阵阵嘶鸣，他们在藏族向导的带领下，快速藏进山凹处才躲过了纷纷坠落的山石，如果动作驰缓数秒，后果不堪设想。六次入藏，困难、危险没有让肖培根止步，反而让他如鱼得水，成了西藏植物资源调查和藏医药研究整理的先驱：

"对于藏医、藏药的调查，很多次我是住在藏医院里，当时藏医院的院长强巴赤列也是名医之一，常常协助我们工作。在藏医院里，我感到西藏医学和中医、西医、印度医学等都有共性，也有不同之处。我们首先要把藏医用草药能治的什么病搞清楚，往往这个病藏医讲出来的和我们真正理解的是不一样的。因此，就要把在西藏工作的西医、中医和我们一起组成一个调查小组，判别藏医治疗疾病的经验原理。藏医中的某种病相当于中医的什么病？相当于西医的什么病？等等。我们把这些经验整理起来，后来编写成为中国第一部《藏医藏药的初步调查》。这部书是第一次对藏医藏药的科学总结，后来由西藏自治区的印刷厂印刷，1965年在西藏自治区内部发行。"

在西藏科考不仅山高路险、高原反应，骑马也不轻松。有一次肖培根骑马出去，马突然受惊飞奔起来，偏

偏系马鞍的绳子也开了,十分危急。即便如此,肖培根仍然经常上山采药:

"有几次,我随他们的采药队上山采药。采集药材时很艰苦,采药队像登山队一样,在外面搭起帐篷,选择好采药的地点,每天天刚蒙蒙亮就开始工作了。我们对藏药进行了很多调查,基本上把西藏的一些本草书都进行了翻译,有关藏医藏药的初步整理研究,我和同事已连续发表了几篇论文,虽然是很初步的,但在藏医药的科学研究方面,这些工作都是做得比较早的。比如'藏医常用药物的整理研究'发表在1973年的新医药杂志上。我们积累了大量的资料,很多外宾来中国考察时,看到我有这么多藏医藏药的原始资料非常羡慕,都希望我能尽早地把它们整理出来,但我现在有很多工作要做,所以有关藏药的很多资料,我现在都不敢去动,因为只要一做,便要花费很多时间。"

六次入藏,"世界屋脊"上的药用植物基本被肖培根摸清楚了,同时药用植物亲缘学的研究也有很大进展:

"基于亲缘学这个理念,我们在20世纪60年代初,到西藏去调查时已有意识做了相关研究。在藏医里有一种药叫作'矮莨菪',化学成分的研究没有做过。'矮莨茛菪'在藏医里应用很多。我们发现'矮茛菪'近缘的一些植物都含有茛菪碱,当时我们推测,它对神经系统有作用,类似于阿托品等。同时我们推测'矮茛菪'也应该含有这种生物碱,后来研究发现,'矮茛菪'中茛菪碱的含量是这一类植物里最高的。另外,茛菪植物,国际上没有报道,算是一种新的发现。所以这样的一些实际例子教育了我们,植物的亲缘关系和化学成分及疗效是存在密切的相关性。在这个过程中,我们就逐步想办法来发展,使其成为一种理论,以便能够保证资源的利用,能够更快速地找到所需要的资源。"

矮茛菪茛菪碱含量极高的研究基础上,研发出茛菪类生物碱制剂20余种,产生了可观的经济效益,仅成都制药一厂的年产值就达十亿元;随后又开发出两种新药:氢溴酸山茛菪碱注射液和氢溴酸樟柳碱片。

在长期的药用植物研究中,肖培根发现在某一个植物类群中,其植物形态、化学成分和疗效之间存在一定的相关性,并据此寻找其规律性。

1980年,肖培根在《植物分类学报》发表了"中国毛茛科植物群的亲缘关系、化学成分和疗效间相关性的初步探索",这是一篇颇有分量的论文。中国科学院植物研究所路安民教授曾经这样评价:

"肖先生等采用综合性研究方法，首先对世界上毛茛科六个分类系统作了介绍，根据国产毛茛科植物的化学成分进行系统分析，对该科药用植物的民间疗效作了整理，其可贵之处在于还结合植物形态学，提出涉及植物系统学的一些学术观点。例如依据芍药属 *Paeonia* 不含毛茛科所具有的特征性成分——毛茛苷和木兰花碱，却富含特有的芍药苷和没食子酰鞣质等，赞成将芍药属独立成科；芍药科 *Paeoniaceae* 可归属于第伦桃目 *Dilleniales*；对毛茛科内某些族间或属间的亲缘关系提出新见解。他的文章强调'植物亲缘关系的研究，可以为化学成分和疗效的研究提供线索。反之，化学成分和疗效方面的研究和整理结果，也可以为植物系统安排提供参考根据'。'研究植物亲缘关系、化学成分和疗效间的联系，是相辅相成的，可以起到相互促进和补充的作用'。"

肖培根早在 20 世纪 80 年代就和所内有关同志，对大黄类中草药进行了多学科的研究。先将各种大黄做化学分析和泻下等的实验，分析其主要成分的含量；然后用动物模型做一些泻下作用的比较；再用回归分析，用数学模型和计算机做聚类分析。结果很有意思，他们发现凡是叶子具有任何掌状分裂的大黄，也就是在大黄属掌叶组植物中都含有番泻苷，而且也有明显的泻下作用。

研究发现，原始类群（黄花乌头、圆叶乌头等）毒性较小，形态上表现为花瓣分化不完全，根部维管束呈点状且9～10个成1轮；进化类群（乌头、雪上一枝蒿等）则毒性较大，形态上表现为花瓣分化较完全，根部维管束呈放射状排列。

通过类群的研究，发现其中的规律，研发出药用及功能性食用产品65项。肖培根说：

"在长期的药用植物研究中，我发现在某一个植物类群中，它们的植物形态、化学成分和疗效之间存在一定的相关性。这种相关性如果通过计算机和数学模型加以整理发掘，就能够寻找出很多规律性的东西来。在以后的研究中我逐步地把重点，从放在一个植物上，转移到放在一群相类似的、有共性的植物上。我做过的类群有人参类、大黄类、乌头类、贝母类、紫草类、淫羊藿类、金丝桃类、唐松草类、升麻类、莨菪类、杜鹃花类、蒲黄类、五味子类、小檗类、十大功劳类、牡丹类、芍药类、八角莲类、远志类、灵芝类、沙棘类等，算起来差不多有二十多个类群。通过类群的研究就能够发现其中的规律。我早在20世纪80年代就和所内有关同志对大黄类进行了多学科的研究。这个研究成果在药学会报告时，曾获得最佳论文奖，也就是我提出的植物的亲缘和化学、疗效存在内部的规律，而这些规律要用多学科手段和计算机等辅助手段加以分析，这也是我的一个科研方向，到目前为止，已经发表了五六十篇学术论文，形成了药用植物亲缘学的雏形。"

肖培根创立的药用植物亲缘学是通过实践找规律，经过实践检验而证实的一门新学科。肖培根当年在论文中表述的五个应用点，历经60余年的"实践检验"，已经成功地扩展为五大应用领域。

一、在扩大药用植物资源方面的应用

肖培根说："有些药用植物的有效成分已经被阐明，但是在某植物中的含量太低，我们可以从其亲缘相近的植物中去寻找高含量的新资源。例如，具有较好抗癌效果的卫矛科植物美登木，仅能得到千万分之一至千万分之二的有效成分美登碱。由于不少类似的生物碱也具有抗癌作用，因而以后又从同科属植物巴昌纳美登木得到千万分之七的美登木类生物碱，其后又从同科植物波特卫矛分离得到每公斤12毫克的美登碱，得率约为美登木的60倍。另又从鼠李科塔克萨野咖啡中，分离得到具有抗癌活性的美登碱类成分美登纳新，因而引起大家从卫矛科和鼠李科植物中寻找此类成分的兴趣。

"此外，如果我们已经了解到某种或某类成分在植物界分布的一般规律或线索，便可以有意识地集中到含量较高的类群去寻找。例如合成激素的原料甾体皂甙，在薯蓣属的根茎组植物中分布最集中，而且含量也高；驱除蛔虫的山道年，在蒿属同型花组的一些植物花蕾中分布最集中；阿托品等莨菪类生物碱，在茄科茄族天仙子亚族植物中分布最为集中。这就可以解释为什么属于同科或同属的植物，在薯蓣属的山药中不易找到甾体皂甙，在蒿属的艾叶或青蒿中不易找到山道年，在茄科的番茄或龙葵中不易找到托品类生物碱的原因了。所以说，掌握中草药有效成分在植物界分布的情况，有助于我们更主动和更有效地来利用药物资源。"

二、在寻找进口药的国产资源方面的应用

从第一次全国中药资源普查开始，肖培根就带领植物研究室的同事们，开展国产资源替代进口药的研究。以后更自觉地根据亲缘关系相近似的线索，成功地从同科属植物中找到了一批进口药的国产资源。

"这些国产资源的质量已得到肯定或部分肯定，但是，必须认识到：从同科属植物寻找进口药代用品，仅仅使我们成功的比率大大增加，并不能保证一定成功，因为失败的例子也是屡见不鲜的。"

三、中草药的质量控制、鉴别和扩大药源

行内的人都知道中药材真伪鉴别与质量控制"水深得很",说它与古画鉴定有一拼也并不过分。古画鉴定"走眼"损失的不过是金钱,中药材如果"走眼"的话可能会要命。比如前几年闹得沸沸扬扬的"龙胆泻肝丸"事件,问题竟然出在"木通"与"关木通"混淆上,而且还混淆到药典之上,使许多人陷于肾衰的窘境。早在第一次全国中药资源普查时,经过向药农、药材公司的老师傅学习中草药鉴别方法,使肖培根深切感到有必要建立科学的鉴别方法。于是就把药用植物亲缘学应用于此:

"一些常用的中草药系来源于一定的植物类群,当我们逐步认识到它们的植物亲缘—有效成分—疗效这三者的联系后,对于其真伪优劣的鉴别和扩大药源也是很有帮助的。例如芍药与丹皮、苍术与白术,均来源于同科属植物,通过研究现在可以从植物亲缘和化学成分予以区别。据研究,我国东北所产的关苍术其植物形态与化学成分均与白术相似,此植物在朝鲜也作白术应用,所以值得进一步研究其作用,以便更加合理地用药。

"当某种中草药的有效成分与药理作用被阐明以后,

我们即可用它作为指标，从亲缘相似的植物中去寻找这类成分以扩大药源。当然，一种新资源的肯定，除了化学指标外，常常还需要有药理或临床的观察予以证明，绝不能草率从事。"

四、帮助预测中草药中的化学成分或有效成分以及协助成分的鉴定或结构测定

肖培根说："近年来，由于植物化学方面新技术、新方法的大量使用，为我们积累了丰富的基础资料，使我们研究中草药的成分时多少有些线索可循。例如草药祖师麻是属于瑞香科芫花属植物，据记载此属植物大都含瑞香素（即祖师麻甲素）及其甙瑞香甙。经研究，祖师麻中具有抗炎、镇痛、镇静、扩张血管的有效成分即是瑞香素。最近苏联从同属植物欧亚芫花中分离得到具有抗凝作用的成分即是瑞香甙；我国从长白瑞香分离得到的有效成分也是瑞香素。某些类型的成分在植物界的分布是有规律可循的，例如一类比较特殊的黄酮：碳–甲基化相接的双氢黄酮。迄今为止，仅知分布于石南科杜鹃属、松科松属以及水龙骨科贯众属的一些植物中。因此，在研究我国杜鹃类药物（如满山红、紫花杜鹃等）的黄酮类有效成分杜鹃素、紫花杜鹃甲素、去甲杜鹃素等时，如能事先知道这点的话，必定能收到事半功倍的效果。"

五、在整理总结中草药的经验和指导新药寻找方面的应用

肖培根认为:"通过对大量中草药的化学成分和疗效的归纳整理,从每种中草药的个性中用亲缘关系这条线,可以总结出不少带共性的东西。例如属于唇形科的一些中草药:薄荷、紫苏、香薷等,气芳香,含有丰富的挥发油,大抵具有祛风、解表等方面的作用;另一些气不芳香,几乎不含挥发油的种类,则明显地具有苦味,常含有二萜苦味内酯。例如,草药冰凌草、溪黄草等,其成分常具有抗菌、抗癌等清热解毒的作用。通过植物亲缘关系、化学成分与疗效这三者的综合整理,能够使我们对中草药及某些植物类群的治疗作用有更加深刻的认识,为新药的寻找提供宝贵的线索。例如,通过对数万种植物的抗癌筛选,现在一般认为较有前途的抗癌活性成分为:Asna-大环类生物碱、生物碱、二萜内酯苦味质、木脂素、某些醌类化合物;从植物类群来说,大致有卫矛科、鼠李科、苦木科、多心皮类、夹竹桃科等植物类群分布上述的活性成分较为丰富。"

2015年,是药用植物亲缘学跨越发展之年——从形态分析转入分子遗传学研究阶段。当年7月,肖培根与郝大程、顾晓杰合著的 *Medicinal plants：chemistry, biology and omics*，由英国著名的伍德海德出版集团出版（Woodhead Publishing Series in Biomedicine No.73）；9月，肖培根与郝大程合著的"药用亲缘学论纲——知识谱系、知识论和范式转换"，发表在《中国中药杂志》第40卷第17期。阐述了药用植物亲缘学在现阶段更需要与"基因组学"结合，应用分子生物学成果，结合前期研究的分类群为例，讨论了"亲缘–成分–疗效"间存在的规律性。

抚今追昔，肖培根感慨万千："亲缘学从初创到现在快60年了。从成形、作为一个学科提出来，也有40年了。实际是亲缘学经受住了考验，对于我们中药资源的可持续发展起到了一定的作用。王昌恩同志的评价是：'最主要你们有自主的知识产权。'我想现在还要有一批人再继续干，今后一定会得到更多的收获。"

在药用植物亲缘学创建的过程中，作为亲历者路安民教授体会颇深：

"经过我们多次认真讨论，2005年由肖先生挂帅正式向国家自然科学基金委员会提出'中国重要药用植物类群亲缘学研究'重点项目的申请，得到评审专家通过和基金委的批准。我的研究组承担子课题'重要药用植物类群亲缘学的形态学（广义）和分子系统学证据'，在肖先生的领导下，取得了重要的研究成果。发表许多较高水平的研究论文：如2006年《植物分类学报》发表的'广义小檗科植物药用亲缘学的研究'；2008年发表的'五味子科药用植物亲缘学初探'；2009年发表的'毛茛目的系统发育和分类：根据4个基因和形态学证据'（英文）等。近几年肖先生指导的多名博士研究生，都是沿用了'药用植物亲缘学'的学术思想和研究方法，并有所创新和发展。在2010年年初，国家基金委组织的重点项目验收中该项目得到好评，取得'优秀'佳绩。通过这个研究项目的完成，'药用植物亲缘学'作为一门新兴综合学科，有了比较完善的学科体系，这是肖培根对学科建设的创新作出的重要贡献。相信这一学科随着不断实践及理论上的逐步深化，将会在指导药用植物开发利用的研究中结出硕果。"

蹉跎岁月

20世纪60年代，中国处于"文革"的10年，在此期间知识分子既要发挥他们的聪明才智，又要"改造"他们的思想。药物研究所的知识分子怎么"改造"呢？在位于西北旺的药用植物种植试验场劳动，那时的西北旺还是很偏僻的地方。尽管已经被打入"另类"，肖培根依然保持初心。他说：

"知识分子那时候要下放劳动，先下放到西北旺药用植物种植试验场劳动。我们同工人一样地劳动，但是，心里面总有一个想法，应该要保护利用好我们国家的药用植物资源。我们劳动之余看到西北旺的农田里种了一大片草药。这个草药的根皮加工了就是一种很好的药，当时这个植物的根皮都浪费掉了。我就和一些下放劳动的人，找了一口大锅加工药，但是受到了批判。那时候知识分子只能劳动，不能搞其他东西，因为搞研究就是走'白专'道路了。我还是去做了这个事情：资源既然都有了，白白地浪费掉了，不如加工成药，否则是一个很大的浪费。"这是那个时代知识分子的一段心路历程。

到了"文革"最盛的1968年，肖培根被下放到北京远郊平谷县东升制药厂"劳动锻炼"。"这个制药厂原本是一个制鞋厂，生产和收购一些三颗针，把它提取并做成黄连素，但是，这个时候小檗碱的价格很低，工厂面临倒闭。唯一的办法是从废液里面想办法。"

怎么可以眼看着药厂倒闭呢？肖培根寝食不安："我经常想这个问题。后来发现提取过小檗碱的废液里面，有一种成分含量非常高，几乎和小檗碱（黄连素）一样多。经过刘国声等的研究，证明它就是小檗胺，是一种白色的结晶。要解决药厂面临的困境，就必须考虑小檗胺有什么可以开发利用的价值。围绕这个问题，我们先查清它的毒性。证明它没有什么毒性后，再查文献，发现结构和它很相近的成分对结核杆菌有作用，可以用于治疗肺结核。后来我们知道麻风杆菌和结核杆菌有类似的地方，我们就给中国医学科学院皮肤性病研究所提供不少小檗胺片，并问他们是不是可以给麻风病患者试一试，看是不是有疗效。试了以后出现了很有趣的现象：一个麻风病患者有淋巴结肿大，白细胞不到 1000，但用了小檗胺以后，白细胞逐渐升高，最高超出了 4000。我们觉得这是个很好的苗头，进一步由刘昌孝等人进行药理实验，证明它可以升高小鼠的白细胞。以后扩大临床应用，最后证明小檗胺确实有很好的升高白细胞的作用。这是我们在全国最早发表在科学期刊上的，也是我们过去在实践中发现的一个新药。"

1969年，卫生部的"五七干校"在江西永修农村建立，卫生部系统的干部大规模下放随即开始，肖培根是首批"五七战士"。

在卫生部"五七干校"，肖培根有一项重要工作就是上山采药。"五七干校"附近有一座大山叫云山，山很高，山上中药材很多。当年搞中草药也像轰轰烈烈的群众运动，不分专业，"五七战士"们常常是结队上山。肖培根属于"乐天派"，从不以采药为苦，反而乐在其中，多年积累的丰富的野外资源考察经历，还为他博得"肖大仙"的雅号。

"平常采药的时候，总会有人问我，这是什么药？那是什么药？我每次都能够解答大家的问题，有时也讲一些认药的窍门、中药的功效等。我们队员中间有一名教授叫卢玉华，她是研究合成药物的，但同时对草药也非常感兴趣，亲自采药、亲自尝，还做研究，看见不认识的草药就问我。她学得比较快，大家就和她开玩笑，说你现在对草药这么精通，真成了'卢半仙'啦！她也笑着回答大家说：我的草药知识都是从肖培根老师那里学来的，假如你们叫我'卢半仙'，那他就是'肖大仙'了啦！因为他比我强多了，是我的老师嘛！"

江西气候潮湿，经常阴雨绵绵，患类风湿关节炎的病人很多。老乡管这种病叫"鹤膝风",因为膝关节变形得像鹤一样。患者轻则丧失劳动力,重则不能下地走路。"肖大仙"的雅号不仅在卫生部"五七干校"闻名遐迩,驻地老乡也慕名而来:

"有一个申木匠,因关节变形找到我说:我现在路都走不了了,你要想一想办法。我回北京探亲的时候,就到图书馆查有什么方子可以治类风湿关节炎,找到一个叫'四神煎'的古方。方子特点是重用黄芪,可用到1斤,另外的3种药,有远志、牛膝、石斛,最后还要让患者喝一大碗金银花汤,喝后不能受风。干校有个惯例,要给病人吃,首先自己得吃,所以我亲自吃过'四神煎'这个汤药。那位姓申的木匠,原来不能走路,服了'四神煎'后,疗效很好,可以下地走路了。"

这样的故事不止一件,更神奇的是肖培根当上了"五七药厂"的排长——制剂车间的主任。

办药厂的目的是解决缺医少药的窘状。可是大家都没有办药厂的经验,最初药厂是亏损的,经过大家艰苦奋斗的努力,很快一批批的药物试制生产了出来。比如穿心莲片、黄连素片等,最高时产品达到30余种。客户从门可罗雀,到开着卡车来拉货。到了第一年年底,"五七药厂"不但消灭了赤字,还盈利了十几万,成为卫生部"五七干校"的创收大户。

那时也不知道"五七战士"要当多久，回北京再搞科研几乎是梦想，人们都很迷茫，大家似乎从"五七药厂"看到了希望。有一位副所长说：我们手头也有不少东西了，都是自己搞出来的，能促进经济发展，如果北京回不去了，我们就在江西搞药厂。由此可见，卫生部"五七药厂"已经规模可观。回顾这段经历，肖培根说：

"制剂车间的工作对我是个很好的锻炼，过去我是'三门'干部——家门、学校门、机关门，对于怎样制药，真是一窍不通。实际上即使是学药的，对如何制药也不是很懂。因此，开始时大家就对着制剂教科书，边学边干，如怎样做颗粒、打片、包衣、做成针剂等，一切都从头学起。打片，我亲自动手干，开始打出来的片不好看，包出来的衣也不很美观。慢慢地，干得多了，打出来的片也好看了，包的衣也美观了。"

肖培根在"五七药厂"既是制剂车间主任，又是新药试制的主管。到"五七干校"之前他一样都没有干过，当然其他"五七战士"也是如此。"制剂"和"新药试制"是所有药厂的技术核心。在上无"师傅"下无"徒弟"的状况下，肖培根能挑起两副重担，除了他过人的聪明与悟性，更是他执着与勤奋两大性格的体现：

"我在那个时候感觉我们的科学要发展,外文是非常重要的。怎么学呢?就是学《毛泽东选集》,学习英文版的《毛主席语录》,在劳动休息的时候念一段。实际上,人家已经觉得我'白专'了,可我很喜欢这个东西。我不但在北京的'干校'这样,到了江西'五七干校'也是一样。我们药厂有个同事这样说我:有个人很怪,劳动完了不嫌累,还看德文书。因为那时候有一本德文的植物化学分类书,我觉得写得很好,很有用。"

"五七干校"劳动单调,生活艰苦。每逢节假日,大家或钓钓鱼改善一下生活,或到镇上打打"牙祭"吃碗馄饨什么的。宿舍里空无一人,格外清静。此刻,肖培根的"感觉很好",读书状态进入了"佳境":

"我现在回想起来,有这么一段时间,在干校是一个人一张床,没有桌子的,看书就在一个床板上看,看书的效率很高。这个时候,不是为了看书而看书。比如,我们需要看看药厂周围有一些什么植物,这些植物有什么样的作用。在'亲缘'思想的作用下,找相关的一些疗效。我看德文的化学分类书,别人讲整个药厂里看德文书的就我一个。"

这本德文书对肖培根来说可谓功大莫焉:一是掌握了打开科学世界大门的一把钥匙,这在改革开放之后得以充分展现;二是为创立药用植物亲缘学积淀了深厚的化学分类学基础;三是"立竿见影"出成果,发明了累计生产超过1亿支、至今热销的全国中医医院急诊必备的中成药——热可平注射液,还发明了一个至今仍然供应全国的鱼腥草片。

肖培根回忆热可平注射液的研制:

"看了(德文)书以后,有一个发现就是从那个时候产生的。我们的'五七药厂'在半山腰,下面就是'五七医院',阜外医院下放的医生都在那儿了。每天我都要经过这个地方,天天见面大家都很熟。有一个阶段,医生就对我讲:不得了,现在我们'五七医院'压力很大。病人无名高烧,每天都有人去世,不知道什么原因呢?我们快熬不住了。你是搞草药的,是不是可以帮我们想想办法。我压力一下子也大了起来,在干校里面我们是有帮助责任的。"

肖培根赶紧去找经验丰富的老大夫,卫生部"五七干校"藏龙卧虎,很快有人给他指点迷津:无名高烧,烧的温度高,都在40度左右,这种高烧往往是感染了病毒:

"我能想的办法就是从书里面找。我们'五七干校'的周围有很多鹅不食草。我看到《植物化学分类学》那本书里面讲了鹅不食草抗病毒效果很好。那时候干校劳动时很热，每天气温都在40摄氏度左右，中午要午休。午休时热得睡不着，我对着天花板思考。一个是高烧，一个是病毒。解热那个时候习惯上都用柴胡，鹅不食草不是可以抗病毒吗？"

柴胡加鹅不食草的灵感一闪，肖培根更睡不着了，跳下床来就招呼大家开始试制：

"我说马上开始研究。因为那时我是'五七药厂'制剂室的主任。按军队的编制，我算是一个'排长'管好多人。我说，赶紧用水蒸气蒸馏，于是就做了起来。我们把这两种药材通过水蒸气蒸馏以后，变成了一种针剂，这个针剂里是有油的。在干校里，你要是想在人身上做试验，必须自己先试，所以我就在屁股上打了一针。打后半天了，屁股还疼得不得了。为什么？因为它有挥发油，如果不用吐温-80把它稀释，油在屁股里是一直散不开的，因此一直疼。后来搞药剂的同志建议加点吐温-80，问题一下就解决了。"

笔者在肖培根家里访谈，他说到兴处，站起来边说边找东西：

"我顺便去拿一个东西，这本本里就有，病例什么的都有记载。当然，那个时候是比较原始了，跟现在来比是很简陋的。你看病例，有的2岁，有的才5个月，无名高烧到多少天就退烧了。我们临床试用、在部队的医院里用的记录都有，所以这份报告很珍贵。这份资料，可能是保存至今唯一的一份。有一个病人快要死了，就靠它抢救过来了。以后这个东西就变成了一种药品，药厂就开始批量生产了。"

肖培根展示的是一本时代特色鲜明的笔记本，封面上印有毛主席的语录，里边是工整的钢笔字记的病例，还有一页贴着热可平药盒上的标签，生产药厂是卫生部"五七干校"制药厂。说到起药名，肖培根又讲了一个故事：

"当时，用来检验病毒的设备在'五七医院'是没有的，但从临床观察来看，死亡率降低，退烧率增加。我们很高兴，开始比较有规模地生产鹅柴针剂。因为这个名字不太好听，我们就想给它起个新名字。问大家给这个注射剂起个什么名称好呢？在我们制剂车间的周同惠说：'热可以平，就叫热可平不是很好吗？'，大家一致赞成，这个针剂的名字就这样叫开了，以后在九江的部队医院推广，治疗了很多病例。直到现在，热可平注射液不但还在生产，而且已经发展成为一个常规用药，并被国家中医药管理局批准为全国中医医院急诊必备的中成药，由现在的永修县制药厂生产。"

德文书《植物化学分类学》还帮助肖培根发现了另一种清热解毒药物——鱼腥草素。

2015年11月6日，在肖培根家里，他翻着笔记本边说边指给我们看：

"我觉得这一份东西是非常珍贵的。你看这病例，治疗用的是鱼腥草素。那个时候，药厂都是为患者考虑的，很短的时间就搞了30多种制剂出来。其中有一个叫鱼腥草片，上海生产的，现在上海还在用，就是我们那时候研制出来的。一开始是天然的，因为天然产物效果不错，后来就把合成的研制出来了。这个东西是我们发明的，上海有一个药厂来参观，就拿过去生产了，以后就算他们的了，因为那个时候没有知识产权的概念。

"鱼腥草中含有挥发油，挥发油中含有一种名叫葵酰乙醛的成分，又名鱼腥草素，我对它有着深厚的感情。因为在'五七干校'时，我参考的那本《植物化学分类学》中记载它具有很强的抗微生物活性。我把这个线索向当时'五七药厂'的领导胡振凯汇报后，他立即组织过去中国医学科学院药物所的科研人员，在很简陋的条件下把鱼腥草素合成出来了，并在'五七干校'制药厂进行小批量的生产。这应该是最早用人工合成方法生产鱼腥草素的尝试。鱼腥草的挥发油中还含有甲基正壬基酮、月桂醛和辛醛等成分,可使 HSV- 流感病毒和 HIV 失活。当时,'五七药厂'还试制了鱼腥草和金银花水蒸气蒸馏得到的提取物针剂,简称为'鱼金注射剂'。这种针剂以后在我任韶关小分队队长时在当地还用过。由于从鱼腥草中提出的黄色油状物对多种致病细菌、真菌、病毒、钩端螺旋体等均有抑制作用。因此,现在有关药厂已有鱼腥草的注射剂问世。此外,鱼腥草还具有抗炎、抗过敏、抗辐射、利尿等多种药理活性。"

虽然两个新药的发明完全得益于书本,但肖培根不是整天抱着书啃的书呆子。他特别重视实践,从不小视民间的经方验方,并且自觉在实践中矫正已有知识的偏差,成为真正具有真才实学的大家:

"我在江西工作的时候,在当地是很受欢迎的。地方上称我是一名草药专家,常常邀请我去做一些药物的鉴定、普查和编书等工作。我也常常到江西省的各地去进行草药的考察和整理民间的经验。有一次,我在庐山附近碰到了几名草医,他们问我一种叫'抱鸡婆'的是什么药?我拿来一鉴定,原来就是中药的商陆。我很清楚商陆,在书本里记载是有毒的,所以我就给他们讲商陆是有毒的,用它来治疗妇女的不孕症很危险,他们建议大家一起去基层调查一下。我们根据病例记载去访问了那些患者，原来他们应用商陆的加工和制作过程很特别，即把新鲜商陆的根挖出来后，取一定的剂量和母鸡一块炖了喝汤，就没有什么毒性了。吃了以后患者身体各方面都感觉较好，也确有服用后就怀孕的例子。这件事对我的教育是深刻的，书本上的知识是可以参考的，但民间的经验更宝贵。实际上，书本上记载很多有毒的中药，像乌头的子根（生附子），经过炮制变成制附子后毒性就大大降低了。是不是新鲜商陆经过特殊加工，即高温处理后毒性大大降低，成为疗效很好的中药了呢？这就是我们传统草药经验的宝贵之处，所以任何事情一定要用事实来说话，不能犯本本主义的毛病。民间在实践中所积累的宝贵经验，可以为研究工作提供许多有用的线索，这些经验经过科学实验的验证，可能发展成为'新药'，这也就是传统药物学应该要做的事情。"

在那个时代，研究所里有一个规定，每个干部都必须到基层去，因为毛主席说把医疗卫生工作重点放到农村去。一定要到基层，最少要3个月。肖培根也去了基层：

"1971年，我被卫生部派到韶关工作2年，担任韶关小分队的队长。我们的基地是在韶关药检所，现在的广东省药检所的陆所长当时就在那里工作。参加小分队对我来讲是一次很好的锻炼。当时我们的小分队还有一些特别的规定,比如不能吃肉。每天的副食都是空心菜,因为菜茎的中间是空的,我们就常开玩笑说:今天又吃'无缝钢管'呀!吃的菜基本没有什么油,有时用白糖泡杯水就觉得很好了,生活确实是清苦的。我们的工作内容让人觉得很愉快,在民间收集到很多有效的方子,在医院里做了一些临床实验,开发了一批有用的中草药产品。当小分队队长的两三年里,从基层学到了很多有用的知识,为以后我的新药开发奠定了很好的基础。"

在那个蹉跎岁月里,还有两项"从天而降"的任务,让他记忆犹新,终生难忘。

1971年11月,肖培根结束了江西永修"五七干校"的"劳动锻炼",回到北京没几天就奔赴云南开展草药的调查,此行还算顺利。整理好采集的标本和样品,打点好行装,大家返回昆明就准备回京了。此刻一项"特殊使命"降临:

"当我们的调查队回到昆明以后,我一天之内接到了好几个从卫生部打来的电话,电话的内容大致是:接到总理办公室的通知,要我马上到云南采集美登木,这是一个特殊的使命。接到这个任务之后,我马上向当地卫生部门汇报,也很快就到云南昆明植物研究所查阅美登木的标本。因为在国外有报道美登木对肿瘤有很好的疗效。我看了标本以后,就和昆明植物研究所的同志坐飞机到热带植物园,找到两位同伴——李朝晖和裴盛基,我们3个人一起到原始森林里去调查美登木。

"在原始森林里调查是非常艰苦的,我们在原始森林里待了七八天的时间,晚上就住在少数民族居民的竹楼里。白天,我们到森林里四处找美登木,也见到过野象的粪,还碰到过"狸"一样的动物,比较幸运的是,我们没有碰到更凶猛的野兽。最辛苦的和最难受的是晚上回到了竹楼,主人住在竹楼的里面,我们住在外面,晚上蚊子拼命地叮,我们无法入睡,只好把很厚的胶皮雨衣披在头上,把全身裹起来。这样蚊子是挡住了,但是人在里面闷热不堪,就这样我们终于在一个小溪旁边找到了第一棵美登木,当时心里特别高兴。之后,又找到了好几棵。用刀砍成小片,装进袋里,我们3个人把美登木背回云南热带植物园,然后带着这些样品回到北京。上级说要做一些实验,很快我们就把这批样品送到药物研究所的肿瘤组进行筛选。筛选的结果证明:它的抗肿瘤效果不错,但毒性非常大,这批样品因为毒性太大,不能直接应用于临床。

"过了若干年之后,我才知道这批样品是为我们敬爱的周恩来总理采集的。一方面我们为自己找到了美登木而庆幸,另一方面也为没有用美登木把周总理的癌症治好而感到遗憾。这个特殊的使命把我和敬爱的周总理联系在了一起,也使我体会到野外调查的艰辛和重大意义。"

自从国产美登木发现以后,位于西双版纳大勐龙的中国科学院版纳植物园便引种栽培了成片的美登木,对它进行了植物学、药物化学、临床应用的初步研究。结果表明,美登木化学提取有效部位及中草药复方水煎剂,对若干实验动物及人体恶性肿瘤均有明显的抑制作用。

云南美登木为无刺灌木,植株高达4米。单叶互生、叶柄长、叶片宽椭圆形或倒卵形,先端短渐尖或急尖,边缘有浅疏齿,基部渐狭。圆锥状聚伞花序,2～7枝丛生,总花梗不明显,每花序有花3朵及以上,花白绿色,雄蕊着生于花盘之下。蒴果倒卵形,种子棕色,基部有浅杯状淡黄色假种皮。

美登木有一种特别的清香,可化瘀消症、清火解毒、消肿止痛、防治早期癌症。采鲜叶或晒干泡水喝能增进食欲。在西双版纳傣族地区,人们很早以前就用其根、茎、叶捣碎泡酒治疗跌打损伤。

今天作为景点的中国科学院版纳植物园的南药园里,美登木长势良好。

另一次"特殊使命"发生在1974年。那年肖培根奉派赴埃及考察草药,同行有他的同事傅丰永教授。当时我国驻埃及大使是著名的外交家柴泽民。柴大使亲自接待考察团,并为他们的考察工作做了周密的安排。考察前,柴大使先举行了一个著名医药人士的招待会,介绍他们认识了埃及大学和研究所等机构的同行,为以后的考察奠定了良好的基础。让肖培根难忘的是代表团离开埃及回国前夕,突然接到了国内的通知,柴大使说:"你们代表团暂时不要回国了,在埃及待命,还有更重要的工作让你们去做。"几天后,"特殊使命"下来了,让他们这个代表团转赴坦桑尼亚考察当地的草药。因为坦桑尼亚和中国的关系很好,我国正在援建"坦赞铁路"。坦桑尼亚政府希望我国帮助整理研究他们国家的草药。就这样,考察团从埃及转赴坦桑尼亚。

一路上,肖培根感到压力很大,因为事前没有做丝毫的业务准备,考察之后必做的"关于坦桑尼亚药用植物的情况报告"需要他们代表中国提交。

肖培根把他当初在东北调查时采集标本的精神和干劲拿了出来,把坦桑尼亚有关草药的资料进行了一次突击式的阅读和整理。他当时参考的一本很大的英文书,是南非出版的关于非洲草药的著作。他工作效率很高,几天之内就通过阅读掌握了坦桑尼亚大致有哪些草药。接着就和当地的科学工作者分赴各地考察。陪同他到各地访问草医、采集标本、了解情况的坦方官员名叫玛达提，是个化学家。在那次考察中肖培根认识了猴面包树和各种各样的当地草药。

回忆坦桑尼亚之行，肖培根内心依然暖意融融：

"非洲人民的友好时时都能够感受到。比如，我们在路上走，当地的老百姓就说拉费克，意思是中国是好朋友，表示非常欢迎。我们考察团也深入坦桑尼亚的一些穷乡僻壤。我清楚地记得，我们到撒哈拉沙漠边缘，温度高到鸡蛋放在外面很快就晒熟了。在这样的环境下，我们跟当地的陪同人员，把每一种草药能治什么病都搜集起来。我们还访问当地的一些草医，把这些资料汇总起来。我们回到北京以后写了一个报告，这个报告被联合国，特别是世界卫生组织分发到各个成员国。说中国这样帮助第三世界国家，帮助这些落后国家整理当地丰富的草药资源，是一个很成功的案例。虽然在非洲我们很辛苦，但是我们做了一件很有意义的工作。世界卫生组织说，这是南南合作的一个典范。我们回到北京，他们的使馆参赞亲自到机场迎接我们，说你们干了一件好事。"

创建药植所

1983年5月30日,药物研究所党委向中国医学科学院递交了"关于建立药用植物资源开发利用研究所的报告"。报告主要内容:中华人民共和国成立后药用植物的研究与应用,虽然有了长足进步,但是与欧美日等发达国家相比差距很大。主要原因是分散,缺乏统一领导,没有专门的研究机构统一规划,并用现代科学技术来指导这一规划进展。因此,为适应新时代需要,建立一个全国统一的研究机构——药用植物资源开发利用研究所,是当前迫切需要解决的一个组织问题。如果仍然留在药物研究所,由于该所组织过于庞大(共800名职工),任务十分繁重,承担着寻找防治危害人民健康重大疾病的新药任务,势必不能全面照顾植物药、中草药开发利用、推广生产等任务,限制了这一工作的开展,对事业是非常不利的。药物研究所党委认为:建立药用植物资源开发利用研究所,不仅是必要的,而且条件已经成熟。

报告经中国医学科学院上报卫生部。不到90天,8月22日,卫生部下达了"关于中国医学科学院药物研究所下属三个药物试验站(场)改站为所的批复"。于是,中国医学科学院药用植物资源开发利用研究所(以下简称药植所)诞生了。肖培根任所长,与党委书记于普、副所长朱兰书，组成首届班子。

"改站为所"，尤其是转变成为一个全国独一无二的国家级研究所，绝非易事。

访谈时，谈及药植所的创建，肖培根对当年的困难局面感慨万千："我们研究所前身是西北旺药用植物试验场。那边很荒凉，条件很差，建所初期整个药植所的仪器设备，总价值不到十万块。设备只有天平、冰箱。考虑到咱们国家在药用植物资源开发方面比较落后，当初院领导跟部领导都强调，要把药用植物资源开发工作发展起来，所以创建药植所，就是要把资源可持续利用、保证老百姓的用药、中药跟药用植物都发展起来。"

面对巨大的挑战，为什么要义不容辞挑起这副担子呢？肖培根说："药用植物资源的开发很重要，即使是在这样一个困难条件下也要做。我是一个党员，要服从党的安排。我是搞植物资源研究的，现在党需要我组织这么一个研究所，我义不容辞。当初感觉骑虎难下，只能紧紧抓住老虎往前跑，必须有这个决心。西北旺大家都熟悉，有一种说法叫北京的西伯利亚，但是西伯利亚确实有很好的开发前景，还有很好的基础就是土地资源。"

具体而实际的困难还有很多，比如最简单的上下班。在药物研究所上班时，研究所和宿舍都在南纬路2

号的大院里，上下班不出大院，中午还能回家休息，平时家里的老人孩子也方便照顾。到药植所是起早贪黑，坐敞篷大卡车上下班。"最严重的时候是冬天零下18摄氏度，天还没有亮，大家都要坐敞篷汽车到西北旺上班。咱们也没有宿舍，早上六点不到就要起床，所以那个时候是比较艰苦的。因此，动员大家到西北旺去，还是有一定难度的。"

"三顾茅庐"在中国家喻户晓，而"十顾茅庐"则在药植所成为了历史佳话。

建所之初，药植所整建制的研究室只有一个——栽培室，实验室就是两排平房。如果作为药用植物试验场的配套研究科室，在20世纪五六十年代还相匹配的话，作为改革开放后的国家级研究所的人才组织构架显然是不行的。按照卫生部建所的批复精神，药植所科技人才的来源是在中国医学科学院内调剂，不增加国家正式编制。此时，"文革"结束已经七年，科技人员已经"归队"，基本都在适宜的工作岗位上，正在"争取把失去的时间夺回来"，为"争取多出成果"努力奋斗。在这个节骨眼上，谁愿意到没有实验楼、没有实验仪器设备的"西伯利亚"去呢？每天还要"浪费宝贵的三个多小时"在路上？

作为曾经的药物研究所最年轻的室主任,肖培根知道要把"西伯利亚",打造成为学科齐全、国际一流的药植所,必须要招贤纳士,因此必须创造吸引人才的条件。怎么能够把城里的人才吸引过来呢?有过办"五七药厂"、实现"创收大户"的经历,肖培根自然就把更新仪器设备、改善职工生活,寄托在药植所的药厂身上,而且他心里已经有了最佳的人选——孙载明。为了把孙载明从药物所"挖"到药植所,肖培根反反复复不知往孙载明家里跑了多少次:

"当时药植所最需要的就是办药厂的人才,孙载明办厂还是很有经验的,所以我到他家里去了十几次。他自己讲,肖所长到我家不是三顾茅庐,而是十顾茅庐。那当然是开玩笑了,主要原因还是大家志同道合。"

2016年年初,笔者在孙载明家明亮的客厅里,与同为药植所创业元老的孙老和他的老伴陈月明畅谈往事。耄耋之年的老两口,谈及往事,娓娓道来:

"我在药物所真是不出院门就能上班,很方便。到西北旺早上六七点钟就走,月亮还当空呢,晚上回来也是挺晚了,所以当时思想斗争很厉害。西北旺当时真的要什么没什么,根本就没奖金。我要到那边去肯定奖金也没有了,收入方面肯定要减少好大一块。

"肖所长一次次来跟我谈,确实从事业出发,过去不是为别的,是为创业。他是把一个所给建起来了,那么希望我去能把经济搞上去,让大家有福利,在科研上有经费,可以买仪器设备。他跟我谈了很多次,我被他这个创业的精神感动了,所以我什么都不考虑了。我老伴也劝我,她说肖所长很重视你,你去了一定要把这药厂搞好,一定要创收,给大家发奖金。

"这中间还有一个插曲。开始药物所坚决不放我,拖了一年不转关系,这个弄得我很为难。肖所长很负责任,他已经下了这个决心,不论多么困难也要把我调过去。他带着我亲自找当时的中国医学科学院院长顾方舟。为了调我,他不知去了顾院长家多少趟,最后党委书记钱昌年也出面了。院长、书记全出面了,给药物所做了很多工作。在这个过程中,有的领导泄气了,实在不行让孙厂长还回药物所吧。这个对我个人来说绝对不可能,开弓没有回头箭,怎么还能回药物所呢?肖所长说不能这么做事情,对同志一定要负责到底,而且我们这个事情,对国家、对单位都是有利的,是为了事业的发展,最终做通了各方面的工作。"

孙载明接手的是一个什么摊子呢?为什么肖培根独具慧眼选择孙载明?以下几段故事颇有"将相和"的

味道：

"原来那个药厂是搞兽药的，厂里什么也没有。肖所长把这个药厂的平台给了我以后，他一般不干预，总是支持，在国家政策允许下，放手让我做。到任后，我说我们堂堂的中国医学科学院搞兽药成何体统？于是把兽药全部淘汰掉了，去报批新的产品。随后招新职工，把设备都进行更新。当时没资金，我就向银行贷款，人家来跟我谈了一次话，看我的设想和计划，在没东西抵押的情况下贷给我70万元。对我真够信任的！我把这个情况跟肖所长汇报，他说好，我支持你。我贷了款以后就买了设备，马上开始生产西洋参蜂王浆。这是第一个打响的产品，国内外的销售都很好。

"在报批药品文号的时候，都是我跟肖所长两个人一趟趟去跑。这个蜂王浆给我们药厂打下了很好的基础，外汇收入在全医科院是最高的。我们一个集装箱就卖90万美元，一个月两个集装箱。在马来西亚，这个产品叫瑞草，家喻户晓。马来西亚总理巴达维，到现在跟我关系都很好，到现在还喝西洋参蜂王浆。我们赚了钱，半年不到把贷款给还了。因为是创汇大户，国家科委跟外经贸委还给中国医学科学院发来一个创汇奖状。

"他平时不找我的,只有到所里给职工发福利的时候了,他才找我商量。说所里没钱,你们药厂得想办法给所里多交一点,过年过节的时候给大家发点福利。他把我调过去,我确实不能辜负他对我的期望。所以那几年确实也是下最大的力气来干,发展得比较快。"

肖培根是知人善任的伯乐,孙载明也不愧是"能征善战"的千里马。药植所的药厂"日进斗金",不仅给所里的科研注入了发展资金,也给全所职工改善生活、增加福利作出了极大贡献。每每南纬路2号院的人们,看着药植所的职工拎着鸡蛋、鸡腿、白薯等,从大轿车里下来的时候都会说:看,人家西北旺今非昔比了!

在肖培根的动员和感召下,药物所植化室的陈迪华、余竟光、徐丽珍、孙南君和刘永漤,分析室的陈健民、丛浦珠和药理室的于澍仁等诸多教授,都愿意到西北旺和大家一起艰苦奋斗,齐心协力,共同建设好药植所。这批业务骨干和专家,以后大都成了科室领导,对药植所的发展起到了关键作用。

药植所首任党委书记于普回顾这段历史时说:"药植所建设之初各方面条件极差,人、财、物极缺,困难重重,而肖培根同志却表示:三年内保证发展起来。"

尽管初建的药植所一穷二白,但是国家赋予的使命是明确的：大力开展中国药用植物资源的开发利用。对此，肖培根制定了"三级开发""五大开发"的药用植物资源开发战略，也为药植所规划出了前进的方向，使其从困顿走向坦途，特别是中药资源的"三级开发"思想，至今依然是我国药用植物资源发展的基本方略：

一级开发是瞄准药材和原料的开发，要生产出更多的原料以保证供应，而且原料必须是高质量的，同时原料是可持续发展的。所以，一级开发一方面要大力发展优质高产的原料，另一方面要保护已有的资源。如果仅仅有一级开发，原料就不能转化成为产品或新产品，就不能被进一步利用，其附加值的增加会受到很大程度的限制。所以必须在一级开发的基础上进行二级开发，以创制出更多的中药产品和其他新产品。

二级开发和一级开发是相辅相成的。一方面在一级开发的基础上加大利用度，积极开展二级开发，另一方面在二级开发的同时也要注意保护资源，以便做到资源的可持续利用。仅仅有二级开发还是不够的，凡是中药产品和其他新产品，在经过一定的时间以后，依据市场规律，会逐步由高峰走向低谷，所以必须进行三级开发。

三级开发是以寻找和创制新药为目标。每经过一次开发，需要以科研为支撑，且大幅度地提高附加值。

三级开发之间存在一个既要利用又要保护、相辅相成的关系。这种理论和现在的可持续发展、可持续利用是完全一致的。

大政方针确定之后，哪里是突破点呢？肖培根把重点放在了具有开发前景的中药上，制定出"五大开发"计划：西洋参，由刘铁成主要负责；天麻，由徐锦堂主要负责；沙棘，由肖培根和陈迪华、周远鹏、刘永漋等主要负责；灵芝孢子粉，将它转化为肌生注射液；金荞麦，将其开发为金荞麦片。

这五种药作为龙头，既有长期的研究积淀又有对其发展前景的深入考察。以肖培根承担的沙棘为例可见一斑。肖培根说：

"就拿沙棘来说吧，因为我还在药物所的时候，上级常给我们一些信息。比如苏联的领导来中国访问时，总要打听宇航员吃了沙棘以后有什么反应。我知道沙棘这个植物曾经被苏联宇航员食用过。据中国驻蒙古使馆反映，蒙古人民共和国的蒙医对治疗严重的胃病有独到的经验，而且疗效很好。使馆就专门派了两个患胃病的老病号去试着治一治，果然这两位老病号的胃病都得到了很好的治疗。后来一打听，蒙医用的就是以沙棘为主的一个处方。

"药植所一成立，我就组织不同学科的科技人员集中力量研究沙棘。有搞植物的，有搞生药的，有搞化学的，有搞药理的，组成了一个综合研究组一起进行深入的开发。我们同山西大同食品厂合作，因为山西有很多沙棘的资源，沙棘不仅可以很好地保护环境，改良土壤，增加肥力，而且全身都是宝。经过研究发现，沙棘的果肉部分维生素 C 和维生素 E 的含量很高。经深入研究，发现沙棘油对胃溃疡有很好的治疗效果，还有一定程度的预防和治疗肿瘤的作用。果实里面的黄酮也被开发为治疗心血管病的一种药物。沙棘的叶子也含有很多不同的生理和药理作用活性成分。

"沙棘很值得进一步开发，我们不但研究了，而且也着手进行生产。冬天从山西将原料运到北京，做成沙棘的浓缩果汁，也做成沙棘汽水和保健饮料。对于沙棘油进行了深入的研究。这样综合研究和开发的结果，救活了大同食品厂，当时就有文章报道了沙棘开发的过程，说明沙棘的开发是很成功的，这个项目获得了国家'星火科技奖'。现在看来，沙棘作为一种预防、保健、治疗作用的药用植物还值得进一步开发。"

西洋参也叫花旗参,从清朝开始就是我国大宗进口的重要药材。在国产西洋参没有引种栽培成功以前,每年进口200余吨。这在外汇紧张的年代是一笔大开销,而且寻常百姓还享用不起。药植所先是在北京怀柔县庙城公社试种成功,之后将成功经验推广至全国各地,乃至青藏高原。

西洋参是从美国和加拿大引种的,从生态条件、药效比较都证明我们国家引种的中华西洋参,与美国和加拿大的西洋参的质量是一样的,可以取代进口西洋参,后来被国家批准为一类新药,这一技术随即在全国推广,这个成果也获得了国家科技进步奖。

利用西洋参开发的西洋参蜂王浆口服液,曾创造一年创汇数百万美元的海淀区纪录。与此同时,各种西洋参保健品琳琅满目,物美价廉,不仅满足我国人民的需求,结束了依赖进口的历史,还可以作为商品出口。

以五大开发形成的"拳头"产品,在药植所早期发挥了奠定基础、凝聚人才、稳定队伍、平稳而迅速发展的历史性贡献。中药三级开发理论指明了药用植物开发研究的前进方向,对未来具有重要的指导意义。

肖培根的老搭档、首任党委书记于普,回首创业往事,不禁感慨万千:"在建所初期极其艰苦的环境条件下，广大职工意气风发，积极行动。实际还不到三年，经过全所职工的艰苦奋斗，共同努力，药植所已初具规模。八个研究室、六个党政管理部门基本成型。在云南、海南和广西组建了分所，北京为总所。修建了药用植物园、药厂和科研大楼等配套设施。这一切都凝结着肖培根及全所职工的心血，也体现了'艰苦奋斗、同舟共济'的药植所精神！"

1985年7月24日,《人民日报》发表了"一个世界性的研究中心——记药用植物资源开发利用研究所"。1986年8月4日,药植所被世界卫生组织命名为"世界卫生组织传统医学合作中心",世界卫生组织总干事中岛宏先生,亲自将命名信件制成金色复印件,授予中心主任肖培根。

"三年内保证发展起来"的誓言全面实现,并且全面超过了预期!

1994年9月23日,卫生部下达了中国医学科学院药用植物资源开发利用研究所更名为药用植物研究所的文件,此时距药植所创建整整十年。怎么评价药植所从建立到成长的十年呢？20世纪七八十年代,中国流行着一句话：实践是检验真理的唯一标准。当年旅美作家、香港记者殷德厚用八个字高度概括药植所——十年巨变，成果辉煌。1984年，药植所成立一周年时，他曾来所里参观采访。十年后的1994年，他故地重游，触目所及，感慨万千。回去后在香港的报刊上连续发表了几篇报道，这里我们辑录一段：

"十年来，这个研究所的科研能力、制药能力、制药水准，变化之大让人赞叹。我了解到这样一些令人惊喜的数字：十年前所有的仪器设备价值总和不超过十万元，现在仪器设备价值总和已不止五百万元，是建所初期的50倍；十年前两万元以上的仪器设备一件都没有，而今天正在采购的仪器一台便在百万元以上；十年前有高级职称的科技人员仅有18名，目前这种高级人员有69名之多（包括云南、海南两个分所）。该所培养的硕士、博士研究生，这十年来也急剧增加。十年前仅有两名研究生（均由肖所长指导），十年来全所培养的研究生多达129名，仅肖所长指导培养的研究生便有43名，其中博士为24名。中国在生药学学科内有条件和能力培养博士的博士点仅有4个，药植所是其中之一，由此可见该所科研能力之强和水准之高。十年来，科研成果和科研论著也成就辉煌。该所科研课题有162项属院级以上重点课题，有80项科研成果已通过鉴定，其中4项获国家级奖励，45项获部级奖励。十年中发表论文六百余篇，编撰专著26部（卷）。十年来，所长肖培根在开展学术交流方面，也作出了极大的贡献。在制药水准上，药植所这十年来也有飞跃的进展。十年前不仅制药种类极少、质量不高、制作方法也简单，今天已开发出以西洋参蜂王浆为'拳头产品'的二十余种产品，制作方法也从过去的手工操作，发展到今天的自动化生产。质量方面更有重大突破。"

沃恩（Vaughan），是澳大利亚著名药学专家、澳大利亚卫生部药政局局长。沃恩教授1984年作为墨尔本药学院的院长访问过药植所，并在所里住了一个星期。十年后，他作为澳大利亚卫生部药政局局长重访药植所，看到了沧海桑田般的巨变，情不自禁地发出赞叹。

沃恩步入药植所西侧大门，十年前那一片植被参差不齐的地方不见了，取而代之的是山丘茂林、亭台楼榭、小桥流水、曲径通幽的大型中国式园林。漫步在园林之中会发现，依不同地貌环境，种植着各种温带药用植物，以及荫生水生药用植物。除了科研科普之用，还是电视剧、电影剧组拍摄外景的取景地。沃恩教授感兴趣的还有颇具中国民族特色的科研大楼，楼内是依据需要布局的现代化实验室，其仪器设备与发达国家的实验室相比毫不逊色。一大批风华正茂的青年科学家紧张工作的画面,给他留下了极其深刻的印象。药植所这栋科研大楼的设计,曾荣获北京市优秀建筑奖。

药植所第一个十年证明:肖培根向国家和人民交出了合格的答卷。

走遍非洲

1963年3月，肖培根作为专家被国家派往西非的加纳、几内亚、马里和摩洛哥四国考察访问。这一年，肖培根31岁，第一次出国，职称是助理研究员。同行的两位是业内赫赫有名的学者——蔡希陶和陈封怀。一行三人，由蔡希陶担任团长。

肖培根与蔡希陶熟稔，他们曾经陪同苏联专家到中国科学院西双版纳热带植物园的小勐仑（现勐仑镇）等地考察，工作生活接触颇多，很是投缘。肖培根说：

"蔡希陶教授是一位优秀的植物学家，早年是采集员，专门采集标本，有相当多的标本都是他在野外出生入死采集到的。他给我的印象是：对工作非常热爱，不怕艰难。当时小勐仑的热带植物园还没有建成，他就在深山老林中骑着摩托车采集植物标本，不畏艰险，为祖国热带植物事业艰苦奋斗，这一点给我的影响和教育是深刻的。他为了发展祖国的植物学事业，贡献了自己的一切。云南的植物学界还专门拍了一部电视连续剧叫《蔡希陶》。"

陈封怀是我国植物园的创始人之一、植物分类学家，在国内创建了多家植物园，尤以创建庐山植物园闻名于业界。他历任庐山植物园、南京中山植物园、武汉植物园、中国科学院华南植物园主任。他的曾祖父陈宝箴、祖父陈三立和三叔陈寅恪，在中国近代史上闻名遐迩。

回首第一次出国，肖培根感慨万千：

"时间过得真快，一下子五十多年过去了。这一次访问，我现在还清楚地记得两件事：一件是，当初出国访问的人很少，我们这样一个代表团要访问非洲就变成一件大事，在《人民日报》的头版还登了我们出访的消息；另一件是，国家很困难，出国的外汇非常紧张。我们出访途经巴黎，口渴了想要在机场买一杯水喝都没有喝成。当初国家困难到什么程度呢？我们出国的服装、箱子，都是在卫生部统一借的。"

肖培根第一次出国，对国外情况生疏，不知怎么能做得更好。沈其震院长给加纳大使黄华写了一封亲笔信，他和黄华大使在中华人民共和国成立前就是很好的朋友，加纳是肖培根考察访问的第一站。沈院长还托肖培根代他送给黄华大使一份土特产。肖培根业务娴熟、工作勤奋，给黄华留下了深刻印象，与黄华大使也成了好朋友。以后，黄华遇到中国医学科学院或卫生部的同志都会打听肖培根的情况。

"这次访问，对我们了解非洲起了很大的作用。我们第一站到了加纳，外交家黄华亲自接待我们。问我们需要到哪儿采什么种子，帮我们做好安排。他还安排我们认识加纳的一位非常有名的草药专家、艺术家安朴福。"这让肖培根非常感动，印象深刻。

安朴福不仅在非洲而且在国际上也是位知名人物。他本人是一名西医，却热衷于研究民间草药，成立了一个植物药科研中心，对加纳产的各种常用和有效的草药开展了植物化学、特别是临床方面的研究。例如通过常年研究，证明了血红白叶藤根的浸出物可用于治疗风湿病，用锈叶土蜜树的叶浸出物治疗糖尿病等。代表团到他的家中和诊所以及研究中心参观过好几次，这对于代表团了解非洲草药的研究和一般情况十分有帮助。安朴福医生还是有名的艺术家，在加纳首都的大街上随处可见他的艺术作品。

有一天在大使馆，黄华慢条斯理地对肖培根说：你们应该注意呀，非洲有一种植物很奇怪。吃了这种比花生米还小的果实之后，再去吃任何食物，任何味道都会变成甜的。肖培根他们几位专家不太相信，黄华就建议他们去集市上买。于是他们买来每人吃了一两颗后，再吃很酸的柠檬、酸橙，果然都变得很甜了。它的英文名字叫 *Synsepalum dulcificum* Daniell（Miraculous Fruit），大家就给它起了一个中文名字叫奇异果或神秘果。

这段往事肖培根记忆犹新，说起来津津乐道："我们就把它引种进来，种在我们的几个植物园里，现在长得都很好。它是一种小灌木。通过进一步的研究，发现它是一种甜味剂，比糖还要甜多少倍的强烈的甜味剂。"

奇异果含有一种特殊糖蛋白，进到嘴里后，它能够刺激舌头上的味蕾发生变化，当时大家曾经设想过用它解决小孩吃药怕苦的问题。这是个值得进一步开发的课题，也是他们第一次出国所取得的成果之一。每当说起奇异果，肖培根总会说：这个工作是我们这个工作小组和黄华大使的成绩，黄华大使功不可没啊。

如同中国的酸梅汤，在非洲一些国家也有用植物制作的饮料，具有解暑等药物功效：在马里，根据当地的一些礼节，他们总要给代表团冲一杯很浓的、加了薄荷的绿茶，里面放一些糖，作为解暑饮料用。饮用时，有一股薄荷清香，甜甜的，很好喝。在埃及考察时，他们是用红红的、冰镇的玫瑰茄茶作为一种清凉解暑的饮料招待客人。到了阿拉伯地区，与当地的草医、草药人员在屋里座谈时，还要点一些熏香，他们认为熏香可以避邪，还能起到净化空气的作用。总之，非洲草药的一些传统应用，均与保健有联系，比如用于刷牙的刷牙棍，可以起到护齿的作用。

从 20 世纪 50 年代初开始，肖培根就肩负着一项重大任务——寻找进口药品的国产替代资源，以打破西方国家的封锁。因为深知资源的宝贵，所以引种不失为最佳途径。

在西非四国，代表团除了在非洲考察当地的植物资源和药用植物资源以外，还为我国南方的植物园采集和收集了很多重要的药用植物种子，如古柯、毒毛旋花、萝芙木、猪油果、牛油果、奇异果等，有近 200 种。他们采集回来的珍贵种子，在中国医学科学院药用植物研究所的海南分所、云南分所以及云南西双版纳热带植物园，经过栽培试验，很快引种成功，落地生根了。过去必须进口的热带药用植物，在我国多地生根开花结果，造福着亿万中国人民。可以说这次西非四国之行，为扩大我国热带药用植物资源作出了不可估量的历史性贡献，其社会效益和经济价值是无法计算的。

萝芙木许多人都听说过，因为它是治疗心脑血管疾病的常用药的原料药材。中华人民共和国成立前，我国的强心药和降压药一直从国外进口。中华人民共和国成立以后，面对国外封锁，我国加强了对心脑血管疾病治疗药物的研究，主要是寻找萝芙木资源和品种的引进。对萝芙木化学、药理、临床和生产也进行了综合研究。

生产出总生物碱制剂——降压灵。还研究了从催吐萝芙木根中提取分离利血平的工业生产方法。我们所引种的催吐萝芙木（*Rauvolfia vomitoria*），不仅能够从中提取利血平，而且还有一定的镇静作用。当时大家都抢着要引种它，在云南引种之后，在当地生长得非常好，产量很大，现在已经可以做到规模化生产了。

在非洲进行野外考察异常艰苦，说天气炎热似火烧一点都不夸张。他们在野外采集标本，经常热得喘不过气来。非洲人民的热情也似火一般炙热，代表团经常深入穷乡僻壤，当地老百姓第一次见到中国人，不但倾"村"而出，而且载歌载舞，体现了非洲人民对中国人民的友好情谊。

让代表团深深感动的还有我国派往非洲的医疗队。他们在各使馆的领导和帮助下，救死扶伤、舍己为人的精神，为国家赢得了很高的荣誉，代表团所到之处都能感受到中非人民浓厚的情谊，这也为代表团营造了很好的工作氛围。

那时的黄华大使精力充沛、风华正茂，他的夫人何理良女士配合他在非洲开展了很好的外交工作。中华人民共和国成立初期，大使馆来访的人很少。肖培根他们到加纳以后，每天和大使、大使夫人同桌吃饭，与黄华夫妇日渐熟悉，并通过他们体验到我国外交成就的来之不易。对此，肖培根感触良多：

"重大成就首先体现为，在种种困难和十分艰苦的条件下，能出色地开展工作。那时驻外使馆最突出的问题是经费不多，人手紧缺，各级人员手边均没有什么'零花钱'。因此，每当使馆举行盛大招待会或是重要活动时，大使夫人和所有的女同志均要上场'端盘子'，扮演'招待员'的角色。我常常感觉：他们是真正把祖国当作家，把自己当作家中的主人。他们是以主人翁的心情和姿态，为中华人民共和国广交国际朋友。正是因为如此，即使在那样艰难的情况下，我国的外交活动也开展得有声有色，各使馆人员与驻地的国家领导人、各界要人和知名人士，都建立了很好的关系。我国一批知名的外交家如黄华、柯华、柴泽民、赖亚力等，那时都是中国驻非洲国家的大使。特别是在20世纪的六七十年代，我也可谓是我国许多驻非洲或驻第三世界国家使馆取得重大成就的见证人之一。"

代表团访问的四个非洲国家，是过去几乎没有外国人到过的"农村"。他们三人组成的代表团，到了几内亚的每一个乡村，整个村里的人都会载歌载舞，欢迎中国的客人。

第一次出访虽然很"隆重",接待"规格高",但是"囊中羞涩"。那时国家穷,出国人员按月发给一些所在国货币作为津贴,聊补不时之需。大概相当于20～30元人民币。出访3个月,这笔钱怎么花呢?肖培根爱书成癖,这笔钱一发到手,他就毫不犹豫地买下心仪已久的《加纳木本植物志》(*Wood Plant of Ghana*),书是英文原版的。因为英国出版的书价钱很贵,买了这本书后,钱包一下就瘪了。这本书非常有价值,帮助肖培根解决了许多工作中的问题,特别是在非洲遇到需要鉴别的植物时,翻开查一下即可,节省了不少时间和精力。这本书肖培根没事的时候就读,渐入"佳境",非洲热带药用植物的大门向他慢慢敞开了。特别是在临时出现的"特殊使命"面前,他利用这份资料查遗补缺时,常常会心一笑。

对西非国家的考察,从加纳、几内亚、马里到摩洛哥之后,蔡希陶团长不幸染上了疟疾,代表团只能提前回国。虽说多少有些遗憾,但首次出访任务完成的十分圆满。从此,作为中国人民友好使者,肖培根经常被国家派到非洲考察。先后去过坦桑尼亚、埃及、突尼斯、阿尔及利亚、叙利亚等多国,大部分非洲国家都留下了他的足迹。

肖培根把非洲的传统医学归纳为三部分：一部分是当地的传统医学，一部分是阿拉伯的传统医学，一部分是欧美和当地混合型的传统医学。多年的科学考察工作，使得肖培根对那里的情况非常熟悉：

"非洲北部受伊斯兰教的影响很大，他们的一些草药都是阿拉伯草药体系，或者叫尤纳尼传统医药体系。在东非、西非、中非的黑人，用的都是当地的草药，用的方法也很简单。据当地传统的经验，常常是把草药或树皮磨成粉，放在玻璃瓶里，在街边的摊上卖。买来以后加点水，在2～3天内喝下去。他们也有一些草药协会，有时还和巫医结合在一起。在一些传统的集市里也买卖草药。南非是个混合型的地方，黑人占多数，白人用的草药和欧美人用的草药类似。用顺势疗法或植物药叫Plant Medicine。我到非洲考察时，经常开着旅行车，有时到沙漠的边缘，有时到稀树草原。在非洲的草药，如毒毛旋花子、萝芙木等，在草药制剂中都有使用；阿拉伯的草药，如乳香、没药、番泻叶、阿魏等当地人也常用。"

由于在英国统治时期，草药是不合法的，草医是不能行医的，非洲的草医草药日渐式微。比如在访问埃及时，他们就对中国代表团说：由于殖民主义的影响，在开罗只有一家比较大的草药店买卖草药,兼给人看病。代表团在阿尔及利亚考察时,该国卫生部部长接见他们时也讲:"我们现在的草医只剩下几个人了,而且年龄也都很大了,七八十岁了,一旦这几位草医去世,我们国家草医的传统经验就要失传了。"因此,请中国代表团来是抢救他们国家的草药传统文化。从这里肖培根体会到,传统医药的传承和发展政策是最重要的,中国在宪法里规定:"传统中医药和西医药处于同样的地位,都是合法的。"这一立法,确定尊重自己国家的传统文化,大大提高了中医药的地位,在国际上有巨大的影响。

面向世界

1978年9月，肖培根奉派参加世界卫生组织（WHO）主持召开的常用药用植物药的选择和标准化会议。这是改革开放之后，我国首次派员参加的重要国际专业会议。本次会议旨在推广药用植物在世界各国保健事业中的应用。计划先从各国目前所常用的、疗效确切的，并经过一定科学研究的药用植物中，选出一批最常用的品种，提供给各国进一步研究、生产、应用，因此组织了这次带有咨询性质的专家论坛。肖培根代表我国向会议提交的"中华人民共和国1977版药典中药用植物的简要介绍"和"中国最常用的药用植物名录——初步选择"两篇学术论文，均被大会作为会议文件刊载印发，肖培根还被会议推选为工作委员会的成员。经过一周的讨论，在全球范围内选出最常用的药用植物200余种，其中属于我国应用的药用植物100余种，占总数的1/2以上。比如我国常用中药人参、地黄、黄连、远志、大黄、麻黄、黄芪、当归等均被选中，充分显示了中国在药用植物领域的实力。会上各国代表在发言中多次提及中国大规模推广和应用中草药，并在药用植物的科学研究、整理等方面取得的成就，希望与中国专家进行交流与协作。

这次会议，肖培根以专业知识广博，外语沟通能力优秀，温文尔雅的举止，给WHO官员和各国代表留下了深刻印象。

翌年，肖培根作为官员奉派赴瑞士日内瓦的WHO总部工作。WHO是联合国负责国际卫生事业的专门机构，相当于联合国的卫生部，协调各国医疗卫生方面的工作。肖培根到WHO总部的任务是负责世界药用植物名录编制等方面的工作。

1971年10月25日的第二十六届联合国大会上，恢复中华人民共和国在联合国的一切合法权利。1972年5月10日，第25届世界卫生大会通过决议，恢复了中国在WHO的合法席位。1978年10月，中国卫生部部长和WHO总干事，在北京签署了"卫生技术合作谅解备忘录"。在此历史背景下，肖培根颇受WHO总部重视：

"那时中国在联合国恢复关系了，WHO也就是联合国的卫生部，当初还没有中国技术官员，我作为中华人民共和国的第一位技术官员，去了以后，接待我的就是中岛宏，当初他还是科长，后来就职WHO的总干事，相当于部长，到哪儿访问都是他安排，陪我一块去。"

WHO总部设在风景秀丽的日内瓦，有一幢庄严美丽的主楼和少数侧楼，药物部门在侧楼办公。和联合国总部一样，各成员国也都有礼物送给WHO。肖培根记得在总部大楼附近，有一处精致小巧的东方式小庭院，那是日本赠送的礼物。他经常到那里坐坐，不但身心得到了放松，而且也有回家感觉。

肖培根回忆说："我到WHO作为技术官员，也叫临时顾问，并不是常年聘请的，但是拿的是联合国的蓝皮护照，世界通用，到哪儿去都可以很快办好手续，落地就给签证。"

作为来自中华人民共和国的第一位技术官员，WHO总部非常重视。很快安排肖培根出访欧洲国家，先后访问了英国、荷兰、瑞士、意大利等。

第一站是荷兰。接待方安排肖培根住在与他在WHO总部相识的范仆蒂（R.Verpoorte）家里。范仆蒂是一位著名的生药学专家，也是传统药物学杂志（*Journal of Ethnopharmacology*）的主编。这段经历给肖培根留下了深刻的记忆：

"在他家里住的时候，我感到我们国家和欧洲的生活差异太大了。比如我们一起吃完饭，他就把盘子、碗放在洗碗机里，说：好了，不用管了，自动的。我一看，他们的生活真是太好了，什么都是自动的。在一座三层楼的房子里，他专门给我准备了一个房间、一套被子，这样既解决了我的吃住，对我也是一个很好的礼遇。晚上经常和他闲聊，我的英文在短短的几天里有了很大的进步，能天南海北随便讲了。英语过了关，荷兰访问结束后，安排我到英国访问，心里就踏实多了。"

第二站是英国。伦敦大学把肖培根奉若上宾，他到英国各地的参观考察，安排得细致周到，在贵宾室里有一个专门的房间吃饭、谈话。这种礼遇不仅因为肖培根来自中国，而且还是 WHO 总部官员，接待方希望得到 WHO 的一些支持。当然，在英国的访问也是一种考验。他们看肖培根是从中国来的，是从事生药学研究的专家，几乎全英国搞生药学的专家学者都邀请过来开会，还请他作学术报告。报告之后，大家一个接一个提了方方面面的问题：

"我在会上对答如流，他们问我什么我都马上能回答。他们认为这个中国人不简单，肯定是在美国或哪个国家的学校里拿的博士学位，要不然怎么会讲这么好的英语？讲出来的东西和西方能够接轨，了解的信息这么多？在当时，能够和西方接轨是很不容易的，因为那是在 20 世纪 80 年代前后。"

当大家搞清楚肖培根是中国自己培养的专家，没有上过洋学堂、没有喝过"洋墨水"，不禁刮目相看。

同样的故事曾经也发生过。那是在 20 世纪 70 年代，

美国总统尼克松访华之后,美国的第一个草药学代表团访问中国,肖培根陪同他们参观药植所的药用植物标本园:

"代表团团长问了我很多问题,我都能回答,他感觉我回答的问题是可以和国际接轨的。回美国后,他们写了一本考察报告,封面是黄色的,在那本书里,他们写了在中国考察的情况和每个人的感受。比如,有人好像在监视着他们,讲话很拘束,提的问题也不敢正面回答等,但是他们在北京西北旺药用植物标本园参观的时候,碰到了一个名叫肖培根的人,那是一位很杰出的科学家,与他讨论的很多问题他都很清楚。美国人猜想,他一定是从国外的某所学校里毕业的,结果一问,是新中国自己培养的专家。"

多年后,肖培根回忆在 WHO 总部工作的经历,他感触最深的是:锻炼了和世界上不同肤色、不同背景的外国同行们共同工作的能力;在业务方面,熟悉了世界上药用植物的情况。1986 年,中岛宏总干事来到北京西北旺,主持授予药植所为 WHO 传统医学合作中心(WHO Collaborating Centre for Traditional Medicine)的仪式时,很少有人知晓当年在 WHO 总部,肖培根就与他结下了深厚的友谊。

奉派到日内瓦 WHO 总部期间，肖培根的工资是按"天"计算的，其中包括住宿费、交通费、伙食费、杂用费等。每天至少有 120 多美元，月底可到银行领取这笔美元。肖培根将它折算成人民币，觉得是个天文数字。那时我国驻外人员实行类似"供给制"，支出凭发票可以实报实销。按规定他可以住四星级宾馆，可以每天往返乘坐出租车。肖培根想：我在宾馆睡一个晚上，等于花掉了国内几个月的工资。他觉得国家派自己出来很不容易，不能瞎花钱。因此，他吃住都在使馆的招待所，处处精打细算。他前后节省了四万多美元，全部上交给了国家。肖培根认为，为国家节省每一块钱都是自己的责任，因为国家困难，外汇紧张。

1979 年，肖培根收到欧洲药用植物学会的邀请函，请他出席于翌年 7 月在法国斯特拉斯堡（Strasburg）举办的第一届国际药用植物研究大会（International Congress on Medicinal Plant Research），这个大会是由药用植物研究学会、美国生药学会、欧洲植物化学学会、法国制药学会联合主办。他觉得自己参加大型的国际会议没有经验，对参不参加颇为犹豫，考虑再三，最终做出了"参加"的决定。

肖培根认为应该在国际上宣传我们在中草药研究方面所取得的成就，因此他受邀在大会上做了"中草药的传统经验及其在药物研究和新药寻找中的运用"的学术报告。这个报告连同回答问题将近一个小时。在这个报告中,他系统介绍了中国中草药的研究进展以及所采用的方法学,强调了传统经验的重要意义,介绍了中国草药研究不是广泛筛选,而是重视几千年来应用中草药的传统经验,用这种方法来筛选,收获相对会大些。

以后,尽管肖培根参加过很多规模更大的国际学术会议,但斯特拉斯堡会议被他认为是走向国际药用植物舞台的重要转折点:

"因为我是第一次站在大型国际讲坛上做报告,面对1000多位博士以上学历的代表和水平很高的学者。说老实话,讲稿虽然准备好了,但上去怎么发言?的确有些心虚。后来,我发现在我前面发言的一个法国人,是位很有名、很权威的专家,叫达拉弗(Delaveau),大概80多岁了。他发言时讲的英文带有很浓重的法文腔调,似乎还不如我讲得清楚,我信心倍增。我心想:他那么大的人物,又是权威,英文讲得也不标准,而我是年轻的中国人,我怕什么呢!那次会议,我是中华人民共和国成立以后,在有关中草药的大型国际讲坛上的第一个发言人,给大家的印象非常好。参加那次大会的还有香港中文大学的张雄谋教授,在我解答问题的时候,他还给了我一些帮助,因为他的英文很好。我讲到如何利用传统医学的经验,如何将其用在新的产品开发上。这种思路、举的例子,完全能被他们接受。所以,我的报告结束的时候掌声非常热烈。"

肖培根的报告,不仅是经验的汇总或介绍,而且是运用现代科学方法进行研究的成就,同时他对于世界各国的信息掌握也十分到位:

"在我的发言中举了一些例子,比如中国发现了鹤草酚,是从鹤草芽里分离出来的,它是一种间苯三酚类的化合物。这种化合物可以驱绦虫,这是中国新发现的。再一查,在欧洲的一种含间苯三酚类的植物,即绵马的根茎也可以驱绦虫;在南亚,一种含间苯三酚类的植物,即粗糠柴的果实,以及东非的柯索花也可以驱绦虫。所以,我的这个例子就说明,老百姓在相距遥远的不同的地方,利用各地不同的植物和经验来防治疾病,这就叫作殊途同归,但是均有科学道理,其物质基础都是间苯三酚类,由此得出了一个科学的、规律性的结论。这样一讲,大家就感觉你不是在讲空话,内容是与国际接轨的,说明中国还是了解世界各地动态的。……这就使我感觉到同国外的交流,必须要有很扎实的专业基础和了解最新的动态。在那个会议报告之后,我就认识了一大批国外知名的专家。瑞士有个很有名的生药学家叫斯蒂（Sticher），对我说：你讲得很好，你讲的内容我几乎百分之百都听明白了。他的话给了我很大的信心，因为他当时已经是有名的专家了，而我在国际上还没有人认识呢。这个会议之后不久，我被WHO聘为专家，到各国访问，我就又认识了一批专家。后来，德国（当时是西德）一位叫Reinhard的，是 *Planta Medica* 的主编，邀请我去西德访问，我就和Wagner教授、Amon教授等都认识了。之后，我也成为中国在天然药物与传统药物研究领域，担任国外杂志编委最多的人。国外的杂志，只要是与中药、天然药物有关的差不多我都是编委。"

1992年，肖培根应邀参加在瑞典乌普萨纳（Uppsala）举行的第二届国际传统药物学大会。会议期间，在国际传统药物学会全体会员大会上，代表们一致通过了在中国举办第三届国际传统药物学大会的决议。这不仅是中国，而且是整个发展中国家第一次获得举办国际传统药物学大会的机会，有不少发展中国家的代表纷纷来信表示祝贺。这是肖培根1980年7月，在法国斯特拉斯堡参加第一届国际药用植物研究大会之后，历经十五年努力的结果。

1994年9月6日，第三届国际传统药物学大会在北京友谊宾馆隆重召开，肖培根作为执行主席主持了大会。大会由药植所、卫生部国际交流中心和国际传统药物学会主办，WHO 协办。出席会议的有来自 5 大洲 40 个国家的近 500 名专家学者，是历次传统药物国际会议规模最大、水平最高的一次，更是中国医药界空前的盛会。中国科学院院士吴阶平、全国人大常委会副委员长李沛瑶、卫生部部长陈敏章、WHO 西太区主任韩相泰博士等出席了开幕式，会议盛况在新闻联播中播出。出席学术大会的国际著名专家学者有：美国的生药学家 Farnsworth、药物化学家 Cassady、人类学家 Etkin，法国的药物化学家 Anton，德国的药物化学家 Wagner，瑞士的药物化学家 Hostettmann，瑞典的传统药物学家 Bruhn，英国的生药学家 Phillipson，日本的生药学家难波恒雄等。

这次大会，起到了展示我国中医药研发的成就，了解国际药用植物研究最新进展的积极作用。肖培根在大会上做的学术报告"抗衰老中药的研究"，引起了各国代表们的关注。

这次大会真正让药植所登上了国际药用植物研究的舞台。会议专门安排外国专家到药植所参观药植园、标本馆和实验室，进行近距离考察交流，让他们实实在在地认识到中国药用植物研究的状况，增进了了解，架起了交往的桥梁。会后，肖培根代表研究所聘请了一批国外知名的学者专家，作为药植所的客座教授，他们都是国际生药界、药用植物界的顶级专家。采取这种走出去、请进来的方式，使药植所的学术地位和国际影响力有了大幅度的提高，肖培根也与这些客座教授们建立了良好的学术联系。比如后来还和 Wagner 教授编写了中药专著 *Chinese Drug Monograph ang Analysis*，到现在已经出版了 70 多部介绍中药的分册，在国际上产生了很大的影响。

友好特使

澳大利亚是我国的友好伙伴。改革开放以后，中国与澳大利亚的经贸大门敞开。来自澳大利亚的羊毛和工业品源源不断进来，可中国出口什么产品可抵消双方贸易逆差呢？当时，受澳大利亚青睐的中国产品主要是中草药产品，缘于澳洲有众多的亚裔居民，他们应用中医药的历史悠久。因此，中医药在那里应该有较大的潜在市场。1985年，肖培根受邀到澳大利亚考察，受到了大使馆、侨民和当地企业家的欢迎。

澳大利亚政府对于中草药的管理有着严格的法规。政府和各州之间对中医管理有不同的责任分工，中医行医人员及其医疗手段需符合各州的法律。同时，包括中草药在内的治疗性药品也需符合联邦和州的规定。

澳大利亚药物管理局（TGA）是中草药申请注册登记的主管部门。该局把中成药及其他医疗保健用品、制品均归入药品及医疗用品管理范围。向澳出口这些产品均需得到该局的批准并在该局注册登记。1995年TGA颁布了新版申请指南，对包括草药在内的所有药品的申请以及对商标、说明书的要求均有极详细的规范、说明。

如果以药材的形式提供给有执照的制造商，或未完全加工的药材提供给医务人员，则可免除注册和登记。

待注册的草药产品需对其安全性和疗效进行证实。草药产品若按规定注册，必须通过TGA的"传统药物评估委员会"的进一步审查，他们向TGA提出批准或不批准意见。

肖培根到了澳大利亚，澳国官员在卫生部召集了30多人的座谈会。与会者都是专业人士并且有备而来。会议开始后，提问似连珠炮般而来。肖培根对答如流，令人折服，直至疑惑皆无，宾客皆大欢喜。在澳大利亚，肖培根还应国药学会之请做了两场学术报告，介绍我国中医药的发展与应用。几场学术报告下来，肖培根让澳大利亚官员与同行者刮目相看：专业精湛，视野开阔，中西贯通。

后来，澳大利亚的有关部门商定：今后由肖培根签字介绍来的中药产品，它们在海关能够考虑放行。肖培根回国后，许多人知道了这个消息后来找他签字，以便产品在澳大利亚免检通关。肖培根慎重考虑后觉得：因为没有经过系统的研究，对产品的有效性、安全性和可控性没有深入的了解，签字就要对这个产品负责任，这个责任是重大的，这个字绝不能轻易签。直到现在，他连一个产品也没签过。

在国外拥有"一支笔"特权的中国科学家闻所未

闻，肖培根拥有的"特权"也从未行使过，可故事仍在澳大利亚的朋友中、特别是在中药行业中广为流传。

泰国是我国的友好邻邦，泰国国王普密蓬与王后诗丽吉育有一子三女：大公主乌汶叻，儿子玛哈·哇集拉隆功王储，二公主诗琳通女王储和小公主朱拉蓬。肖培根与小公主朱拉蓬建立的深厚友谊，为中泰友好作出了积极的贡献。

因为工作关系，从20世纪80年代开始，肖培根多次到泰国访问考察，与泰国相关领域的专家学者关系熟络。1988年3月，肖培根应邀出席WHO和世界保护同盟在泰国举办的药用植物保护会议。他在大会上做了题为"中国药用植物的方向——它们的利用与保护"的报告。报告以大量的事实，介绍中国以及药植所在这方面做的工作与取得的成绩。会下，泰国一位知名的女教授，在与肖培根交谈中讲：我可以介绍小公主朱拉蓬到你们药植所去访问。肖培根回国后，将此事向领导汇报。不久，泰国驻华大使馆正式向我国提出外交访问，特别提出要到药植所访问。泰国小公主朱拉蓬本身就是一位生物学和医学领域的专家，肖培根的精彩报告，激发了她一定到中国、到药植所看看的想法。

我国按国家首脑级别接待朱拉蓬公主，访问药植所之前，起码有三批人实地考察。比如朱拉蓬的行走参观路线如何、什么时间休息、什么时间再继续考察，都要事先确定好。届时谁来接待，怎么接待，安排得非常细致。

1988年12月15日，药植所经过数月准备，泰国公主朱拉蓬终于出现在药植所，整个研究所像过节一样。在参观了药植所多方面的药用植物研究工作后，朱拉蓬表示很满意。随后，她在礼堂与全体药植所的员工见面，并做了学术报告，主要内容是介绍泰国研究药用植物方面的情况。她是用英文讲的，肖培根给她做翻译。朱拉蓬在药植所的访问很圆满，她也多次表示很满意。在药植所访问结束的当天晚上，李鹏总理和夫人在钓鱼台国宾馆宴请朱拉蓬，祝贺她在药植所访问成功，卫生部部长陈敏章和药植所所长肖培根作陪。陈敏章还对李鹏总理讲药植所很漂亮，他们工作做得很好，总理有空可以到药植所去看看，环境很好，种了不少的草药。泰国公主的访问使药植所的地位提升了很多。

朱拉蓬公主访问药植所已经过去30多年了，她与肖培根的友谊保持至今。在与肖培根访谈时，他随手从书柜中翻出有朱拉蓬公主亲笔签名的照片和一沓贺年卡：

"你看，这是九几年的贺年卡。从1988年到现在，每年都相互寄送贺年卡，去年的贺年卡我还保存着。中泰之间，上下层间我们的来往还是比较密切的，为两国友好奠定了很好的基础。后来泰国的药检所所长，还有很多教授也经常来访问药植所。我多次去泰国，要保持中泰的友好情谊，中国跟泰国的合作还应当加强。"

肖培根是中泰友好大使，几十年如一日，默默地为中泰友谊添砖加瓦。

架桥港澳台

肖培根说自己的香港情结，缘于1948年，那年，他希望借道香港回上海，没想到差一点滞留香港。所幸姨父姨母在香港工作，使他得到不少慰藉，逗留数日便折返厦门了。那时的香港，他觉得还不如上海发达，这是他对香港的最初印象。大学毕业分配到北京，外事任务频繁，常在香港转机或顺访，每次总要抽时间看望姨父姨母，香港情结中多了一份浓浓的亲情。随着香港回归的日子一天天临近，肖培根觉得应当为祖国统一尽一份心出一份力。

1997年香港回归之际，肖培根向当时的香港工业署（现香港创新科技署）建议，把发展中医药列为香港创新科技的重点领域；向香港卫生署建议，利用香港的国际化优势，拟定香港中药标准；向香港浸会大学建议，成立中医药研究所。三项建议深谋远虑、高屋建瓴，得到相关机构的高度重视并被采纳。

作为国内著名学者，肖培根在香港回归前即与香港多所大学有所合作，其中关系比较密切的是香港浸会大学。香港回归前夕，谢志伟教授任香港浸会大学校长，他与肖培根志同道合，一致认为：今后中医药在香港会有很好的发展前景。他积极鼓励中医药在香港的发展，聘请杨维益教授和香港的一些知名专家学者，筹备香港浸会大学中医药的教学、研究机构。肖培根作为顾问，主要是从科研方面介入，参与了香港浸会大学中医药研究所的筹建。

中医药研究所最艰难的时期是创业阶段。首任所长杨显荣当时面临的情况与肖培根当年初建药植所时的状况有几分相似：一缺经费、二缺人才、三缺校舍，真正的"一穷二白"。实验室设在被人们戏称的"七个小矮人"的平房里，办公设备仅有几台电脑。

面对重重困难，肖培根不是能做多少是多少的顾问，而是满腔热忱把中医药研究所的建设当作分内的事情做。他觉得研究所的成败，关乎统一大业、关乎中医药事业发展的大计。他不仅领衔担纲，还把自己的几位得力学生先后派到中医药研究所工作。党毅教授、李文魁副研究员、彭勇副研究员、陈四保博士等，被人戏称是"一支中药研究的先头小分队"。"小分队"很快初战告捷，建立了中药有效成分的数据库，这是配合攀登计划进行的一项科研工作。以党毅为主还做了一个"中国保健食品的研究与应用"的数据库。他们为香港浸会大学中医药的科研工作，奠定了良好的基础。

肖培根除了定期去中医药研究所指导工作外，还常常利用出差顺访之际，抽时间看望学生，帮助排忧解难，让学生们深深体会到"扶上马送一程"的温暖。

党毅说："肖老师非常关心我们的成长，每次来香港时，都会询问我们的学习、工作和生活情况，经常鼓励我们要不懈努力。他不但指导我们选定研究课题，还支持我们与中药研究有关的专家'强强结合'，进行跨学科合作研究。当我们的工作取得了一些进展，例如：完成了一篇论文或著作时，他还鼓励我们发表或为新书作序。在肖老师的直接指导下，我和几位师弟、师妹合作，发表了10余篇论文，并出版了《中药保健食品研制与开发》（人民卫生出版社，2002年出版）等著作。"

陈四保说："2002年春，在香港浸会大学工作了两年后，我再一次面临抉择。香港一家保健品公司希望我加盟，当时在公司工作的月薪比在学校里做研究要高不少。肖老师仔细地帮我分析了形势，劝我不要为眼前利益所诱惑而放弃科研的道路，并推荐我到当时正在筹建之中的香港理工大学现代中药研究所。这样，我才得以继续在科研的领域里耕耘。这件事使我不得不佩服肖老师的高瞻远瞩，使我在人生的十字路口能朝着正确的方向前进。"

1996年7月，肖培根赴香港出席香港卫生署主办的

"香港中药标准会议"。此前,肖培根曾积极建议在《中华人民共和国药典》标准的基础上,再做一个具有香港特色的《香港中药标准》。一方面可以促进中药材在香港的转口贸易,另一方面可以更好和有效地保证香港人使用中药时的安全、有效和可控。以后,肖培根连续数年出席香港中药标准会议,为香港的中医药事业建言献策。2002年12月,他被特区政府聘为香港中药材标准国际顾问委员会委员。

不仅在香港,在澳门、台湾,肖培根也都尽其所能构筑友好的桥梁。

1995年3月,"大陆中医药大学校长访问团"首次访问台湾地区。龙致贤为团长,肖培根为秘书长。第一次踏上宝岛台湾,他为台湾同行做了题为"大陆新药审批程序及中药质量控制"的报告,并且热忱地邀请台湾同行参加大型学术专著《中国本草图录》的编写,共同振兴国粹——中医药。此举冲破了两岸学界近五十年的隔膜,拉近了两岸学人的情感,架起了友好的桥梁。

《中国本草图录》是由香港商务印书馆和人民卫生出版社共同出版的,1988—1997年先后共出版了12卷,每卷包括500张彩色中草药图片。这些图片都是由各合作单位的科学家亲自到各个中草药野外产地拍摄的，这部书由肖培根担任主编。20世纪80年代末、90年代初，要出版一部书投入是很大的，因此需要一笔不菲的出版资金，且出版成本也较高。以香港商务印书馆的陈万雄总编为代表的一批人，认为《中国本草图录》是非常有价值的，大型中草药图鉴世界上还没有，很值得投入资金。于是他们就投入了几百万港币用于出版这本书，这在当时可以说是一个冒险之举。没想到，这套书出版后第一次印刷，在全世界就发行了1万套，12本一套就是12万本书。谁也没有预计到发行量会这么大，这套书不仅没有赔钱，还实现了几百万的赢利。《中国本草图录》出版的形式是：每一种中草药都有一张原植物的照片，除6000张彩色图片之外，还有简要的文字说明和描述。肖培根等专家在编完第十本以后就想到，要编写这么一部代表中国文化的巨著，必须要邀请台湾和香港的同道们一起参加。在1992年，他邀请了香港李宁汉教授等人参与编写；1995年，访问台湾时他又邀请了谢明村和邱永年等参加，全书在1997年出版完成。

　　第一次访问台湾时，肖培根还见到了国民党元老陈立夫。陈立夫晚年竭力推动海峡两岸的交流，他也因此当选为"海峡两岸和平统一促进会"的名誉会长。

1998年，肖培根以立夫中医药学术奖获奖人的身份第二次访问台湾。该奖项是陈立夫先生为促进中医药研究发展而设立的。自1994年开始，每两年为一届，奖励对中医、中药及针灸有卓越贡献者。大陆获奖者有：陈可冀院士、韩济生院士和尚天裕教授。肖培根是第三届中药奖项的获奖人。此次，肖培根有幸与陈立夫先生长时间交谈，也成为他难忘的记忆：

"陈立夫先生住在一幢小洋楼内，第二次见到他时，已是近百岁高龄，他神采奕奕，耳聪目明，很是健谈。谈话中知道，他和我母亲是同乡，也是浙江湖州人，他和我的外祖父张剑秋上的是同一所学校。我们代表团送给他的浙江产的上好龙井茶，引起了他对家乡的思念。两次见面都谈到了优秀的中国文化——中医、中药和中医养生之道。陈立夫先生第一次送给我的墨宝是：'中华文化重视本末先后之道，故中医亦以培本为先。'还比喻说：'培根这个名字也是这个意思。'第二次赠予我的墨宝为：'长乐永康'。陈立夫先生还将他的养生之道用歌诀的形式归纳为：养身在动、养心在静、饮食有节、起居有时、物熟始食、水沸始饮、多食果菜、少食肉类、头部宜冷、足部宜热、知足常乐、无求常安。"

《中国本草图录》先后获得全国第六届优秀科技图书

奖特别奖、国家中医药管理局基础研究奖一等奖、莱比锡国际书籍设计展优异奖、首届立夫中医药图书奖。它不仅是一部传达中医药信息的鸿篇巨制，也是与港澳台科学家携手弘扬祖国传统文化的一次成功合作。

20世纪90年代，肖培根被港澳台的同仁们推举为海峡两岸医药卫生交流协会的会长，并在相关机构荣膺职务。在台湾，立夫医药研究文教基金会，聘请他为立夫中医药学术奖协助委员会中国大陆委员。在香港，他被香港浸会大学、香港理工大学、香港中文大学聘为客座教授或学术顾问。

2002年12月10日，香港浸会大学为肖培根等四位教授，举行了隆重的荣誉博士授予仪式。证书上第一位签名的是香港特别行政区特首董建华先生。香港浸会大学授予肖培根这一荣誉，是表彰他在中医药研究方面所取得的成绩，肯定他为香港中医药的研究、为香港浸会大学中医药的发展所作的贡献。

香港浸会大学颁授荣誉博士学位的典礼十分隆重。事先还特地为肖培根定制了专门的荣誉博士服，并邀请了他的亲朋好友专程前来参加典礼。荣誉博士授予仪式的现场，有肖培根的妻子冯毓秀、小女儿肖伟和外孙刘萌昕，有中国医学科学院的副院长兼药植所所长何维教授、副所长陈士林博士、办公室主任张新国副研究员等，还有他在香港的小姨父冯兆铭先生、小姨母张励志女士和他们的大女儿。卫生部、国家中医药管理局等单位及肖培根在香港的学生们，特意送来祝贺的花篮。授衔后，由肖培根代表四位同时获得荣誉博士的学者（其他三位分别是英国的 Bridges 教授、美国的 Golub 教授、北京大学的季羡林教授）致辞，题目为"弘扬龙的精神，再创新的辉煌"。

今天，香港浸会大学授予我们四人荣誉博士学位，对我们来说，是一种极大的荣誉。在这里，我谨代表其余几位表示我们衷心的感谢。

出席今天这样隆重的仪式和盛会，对我个人来说，自然思绪万千，浮想联翩：

回忆我最初与香港浸会大学建立业务联系是在 1997 年，也就是香港将要回归的前夕。当时浸会大学在中医药的教学和科研工作方面可说完全是"从零开始"的。那时我推荐了我得意的三名学生和助手参与了中医药研究所的筹建工作。经过五年的艰苦奋斗和努力建设，今天我们欣喜地看到，香港浸会大学在各方的支援下，已经建成了人员配套，设备齐全，集中医药的教育、研究、医疗以及科技开发为一体的,并具有相当实力的教学机构了,逐步实现了当初大学所制定的发展中医药的宏伟蓝图!

回忆起我与香港的联系则可追溯到1948年,那时我作为厦门大学一年级的学生,为了返回上海途经香港。记得那时的香港仅仅是一个普通的中小海港城市,代表香港的标志性建筑便是那座旧的汇丰银行。经过半个世纪的努力建设,香港的经济飞速发展,各方面都发生了翻天覆地的变化,不但赢得了"亚洲四小龙"的美誉,而且也已经成为"东方巨龙"的重要组成——中华人民共和国香港特别行政区了。

在东方,人们崇拜"龙",并把许多美好的品质和龙的精神联系在一起:例如,将朝气蓬勃、开拓进取的精神面貌比喻为"生龙活虎";形容不懈努力、勇往直前的进取意识为"龙马精神"。总之,人们总是把敢于拼搏、努力进取、不断创新和积极向上的精神风貌用"龙"和"龙的精神"来加以概括和表达。

回顾我本人从事中药研究已有半个世纪,从不懂中药,到熟悉中药;从学习和调查整理中药,到研究并创制新的中药,并在传统药物的研究方面取得了一些成绩,这些又何尝不是"龙的精神"在发挥着决定性的作用!

再来看我们尊敬的前辈、著名的季羡林教授,他在"梵学、佛学、吐火罗文的研究,以及中国文学、比较文学和文艺理论研究"等多个领域中取得了杰出成就,并赢得了世界性的声誉。季教授坚韧不拔的治学精神,为我们树立了一个弘扬"龙的精神"的光辉榜样。

一种优秀的精神和道德风范,应该是不分国界和具有广泛性的。就像我们尊敬的英国 James Bridges 教授,他在毒理学、食品营养和安全性以及环境保护等方面取得的杰出成就;以及我们尊敬的美国 Gene Golub 教授在电脑领域中所取得的杰出成就,均与他们在科学领域内,发扬了勇于实践、开拓进取的优秀精神息息相关。

因此,今天这样的盛会,从某种意义上来说,也是为了弘扬在教学和科研方面所应该倡导的优秀品质和精神。有了这种品质和精神,各项事业和工作才能取得胜利并创造出优良的业绩。

最后,我们表示:在获得浸会大学荣誉博士学位的荣誉后,将敦促我们继续发扬努力不懈的奋斗精神,在各自的岗位上不断作出新的贡献。

同时,我们还要衷心祝愿:

香港浸会大学今后有更迅猛的发展!

香港明天的经济,以及文化教育等各项事业更加繁荣!更加辉煌!

自学四国语

肖培根的外语"天赋"，在20世纪50年代就崭露头角了。那时中苏友好，他负责接待陪同苏联专家，成为没有文凭的俄语翻译。1978年之后，随着国门的打开，说英语的外宾来访日渐增多，他又以英语翻译的身份出现在研究所的报告厅。先后在药物所和药植所作外事工作的张新国，说起肖培根的外语"天赋"感触良多：

"从药物所开始就感觉他外语非常好，特别是他的听力。印度来的外宾，有时候做报告或者交流，我们都听不懂，他听得懂，特别是涉及一些拉丁文，专业词汇。肖老师太厉害了，因为专业词汇不是简单的拉丁文，而且一会儿化学，一会儿药理，他知识特别丰富。他的翻译或者交流都有一些技巧，根本感觉不到他遇到障碍……我们是专门学外语的，但是感觉达到肖老师这个水平太难了。几个新词，他看了就能记住，我自己做过一些实验，比如我记四五个新单词，过几分钟以后再想，我就想不起来了。"

因为出色的语音能力，肖培根多次在重要的国际学术会议上"救场"。对此，他的博士生马小军赞叹不已：

"记得在1994年药植所承办的第三届国际传统药物学大会上，一位英国专家做完报告之后，一名非洲提问者提问。因有严重的口音，反复重复了几次问题，英国专家都没听懂,这时肖老师上台解围了。他轻松、熟练地把非洲英语翻译成英国英语,使那位英国学者恍然大悟,认真圆满地回答了问题。我真没想到从没留过洋的肖老师,在听'怪'英语方面的能力,居然好过英国人。还有一次,所里邀请一位外国植物化学专家来做报告,我们所很优秀的植化专家刘永漋担任英语翻译。刚开始还比较顺利,但讲到后面一个很专业的化合物时,刘教授翻不出来了,时间一分一秒地过去,场面越来越尴尬,这时又是肖老师伸出援手。只见他迅速在黑板上写出了一系列化学分子式,轻松地解释了外国专家的意思。外国专家一边看着分子式,一边不住地点头称是。听众都很惊讶:太神奇了,一个非植化专业的人,怎么可能在英语环境下,能这么系统地掌握这么复杂的植化问题呢?"

肖培根没有上过专门的外语学校,也没有留学经历,那么出色的外语能力是天分使然?肖培根并不认同:

"我没有在国外留过学,英文基本上能做到四会。在俄文方面基本可以与人自如地交谈,可以阅读专业书籍,可以阅读并书写植物分类拉丁文。所以,有人说'肖培根有一点外文的天分。'实际上并不是我有什么'天分',而是我在外文学习方面还是比较刻苦的,并摸索出了一套适合自己的方法。英文的学习，我常听外国的新闻报道或广播、讲座，特别是有一段时间，我坚持每天6点钟起床听国际广播电台的英语新闻。这样，我既能了解时事，又能学到英语。有好的内容我还要录音后复读。从一个地方到另外一个地方，路上如果超过1个小时，我就要带录音机跟着录音机念外文。在专业方面，我经常抄录一些好的和有代表性的例句，用来指导我写英文摘要和英文文章用。所以说，我的英语基本上是通过自学、练习，利用一切机会多与外国人交流学成的。通过锻炼，最后就能作为一种语言工具应用了。

"至于学习俄文很有意思。我在大学里没有学过俄文，工作后因为向苏联老大哥学习，大家都要突击学习俄文，我也参加了俄文的突击班，大概有一两个月的时间把俄文字母、拼音都学会了。简单的词汇都能认识，但这一两个月的学习功底是远远不够的。后来，我要同苏联专家一起工作，特别是经常陪他们一起到各地去做报告等。开始时，苏联专家基里扬诺夫做报告时，他的俄文部分我也不听，利用这个机会闭目养神，等到翻译用中文讲时，我再听是什么意思。后来我发现，如果我能用心去听苏联专家的俄文报告部分，有些也能听得懂。如有听不懂的地方，带一本俄文小字典查一查，不就可以多学几个俄文单词了吗？此后，每次苏联专家做报告，我就不再打瞌睡了，遇到听不懂的词，我就马上翻翻小字典。采用了这个办法后，积少成多，我的俄文进步就很快，慢慢发现有时一段话也能听懂了。我也利用一切机会和苏联专家多交流，慢慢地我就可以和他们直接交谈了。学语言是需要通过刻苦勤奋地学习、大胆地实践、不断地练习才能有进步的，而且不要总是不好意思，要敢于开口说话。我记得和保加利亚专家依丽诺娃工作时，她的俄文是保加利亚式的，我的俄文是中国式的，但我们两个人能够用俄文交流。她讲什么我大概都能明白，我讲的她也能明白。"

虽然肖培根谈起学习外语的经历很平静，但是我们从中明白了超人的技艺必有超人的付出。没有经过"文革"的人怎么也体会不到，在那个特殊的年代，学习外语是要冒"里通外国"的政治风险。许多人避之不及，唯恐引火烧身，肖培根却"痴心不改"持之以恒。马小军说：

"在药植所流传着许多关于肖老师学习英语的故事。听药植所的老人讲，早在那场乱哄哄的'文革'中，有一个阶段肖老师被发配到西北旺试验场劳动改造。他负责看果树，正好利用这个难得的机会，在果树下如饥似渴地学习英文版的《毛主席语录》。药植所刚建所时，在药植所每天早晨的班车上，人们都能见到肖老师像年轻人一样，戴着耳机专注地听英语录音和广播，几年如一日。"

不仅在北京西北旺如此，后来到江西的卫生部"五七干校"他也如此，而且还增加了一门德语。在劳动休息的时候，他把英文版的《毛泽东选集》拿出来念一段。因为要学习植物化学分类的知识，他找来一本德文的化学分类书反反复复研读，并对照这本德文书，查找周边有用的植物，研究它们的化学成分，具有怎样的治疗作用。

学好外语，对常人来说需要的是毅力。然而对"外语天才"肖培根来说，不仅需要毅力，更需要的是勇气！

肖培根如此不合时宜地"玩命"学外语，基于他心中有一个远大目标——让中医药走向世界。被下放到北京远郊的平谷县东升制药厂"劳动锻炼"时，肖培根与刘昌孝除了利用生产小檗碱的废液提取小檗胺外，还"秘密"地做了两件不敢公开的事。

2015年5月，在南宁的荔园山庄宾馆，刘昌孝院士就往事侃侃而谈。

"第一件事，写了《中药概论》，后来是在协和出版社出版的，主要是规范一些药物的名称，还有就是药物的药理作用。讲中药、中医的归经、四气五味、功效，好多名词都是我们俩创造的。所以，后来国内有好多写中医中药方面的文章都用我们那些专用名词，这是一个大事，那时候干这个事也是不容易的。

"第二件事，写了《中国药用植物的现代研究与应用》，600页大开本的英文版专著。我俩先搞了一个提纲，选了品种，哪些该写，哪些不该写。那本书是对我国从1949年到1980年这段时间国内研究的一个总结，包括药用植物的资源，传统药理学的一些作用，过去哪儿被书籍记载过，哪个经典的药书上写过这个药，来源从哪里来的，还有些药物的性状、归经、治疗、功效等用途。现代研究的结果，像药理学的、化学动力学的，甚至临床应用的东西，都在那本书体现出来了。因为那时没有电脑，我们用手动的打字机吭哧吭哧一页页打起来的，现在保存的手稿还多着呢，都是打印的稿子。

"这两件事，实际上也算是对我们国家中药走向世界的贡献。后来《中国药用植物的现代研究与应用》在欧洲、美国的有些学校当教材用。"

时间跨入2000年。面对中医药现代化与国际化发展的大趋势，年近古稀的肖培根深感国家尚无一本英文版的中草药学术期刊实为一大缺憾。于是，他与老搭档刘昌孝院士再度联手，由天津药物研究院和药用植物研究所共同创办国内第一家英文中药学术期刊——*Chinese Herbal Medicines*（简称 CHM）。

2003 年 11 月 27 日，《中草药》英文版筹备委员会正式成立。会议一致推举肖培根为刊物主编，刘昌孝院士、陈士林院士和汤立达研究员为副主编。筹备会上，肖培根对创办 CHM 英文期刊的可行性、必要性组织了论证，并对刊名、办刊宗旨、栏目设置等提出了构想。会后，根据会议精神上报了申办材料。没想到的是，从申报到刊号获得，竟历时六年！从 71 岁到 77 岁，肖培根锲而不舍，多次与《中草药》杂志社总编辑陈常青一起，一趟趟去国家新闻出版总署向领导汇报、沟通，阐述《中草药》英文版杂志对中药国际化的重要意义和国内科研工作者对英文版的迫切需求。CHM 期刊终于在 2009 年年初获得了刊号。

在刊号即将取得之前，编辑部的工作已经开始，大量纷杂的工作接踵而至。肖培根以其在国内外的影响力和人格魅力，与两个主办单位一起，拟定并邀请了 19 位国际专家和 30 位国内专家（其中，两院院士 10 人，香港 3 人，台湾 1 人）组成编委队伍。2008 年年底，肖培根主持召开了 CHM 杂志第一届编委会，亲自查阅搜集大量国内外有关中药及天然药物的期刊，进行深入的比较和研究，确定 CHM 的办刊宗旨为："继承和发扬祖国医药学遗产，报道和反映中草药研究最新进展，宣扬我国中草药传统特色，加强与世界各国传统药物研究的经验交流，在中医与西医、传统与现代、东方与西方之间架起一座理解与沟通的桥梁，促进中药现代化、国际化。"同时对刊物的定位、发展方向、任务、目标以及栏目设置等都提出了明确要求，并且亲自着手约稿、撰稿和审稿工作，为 CHM 的创刊奠定了坚实的基础。

作为主编，肖培根为创刊号撰写序言，并与副主编刘昌孝合作为创刊号撰写了长篇英文述评性论文——"Challenges in research and development of Traditional Chinese Medicines"，以此向世界展示中国中草药研究开发和应用的进展。

目前，CHM 已被美国《化学文摘》(*Chemical Abstracts Service*，CAS)、波兰《哥白尼索引》(*Index of Copurnicus*，IC)、美国《乌利希期刊指南》(*Ulrich's Periodicals Directory*，Ulrich PD) 等国际检索系统和国内万方数据库及中国学术期刊全文数据库 (CNKI) 收录。

《当代药用植物典》的编写与出版，凝聚着肖培根对中医药、对青年学者走向世界的殷切期望。

1999年,肖培根在香港浸会大学见到来校工作不久的赵中振。初次与这位在国内获得学士、硕士学位,在日本获得博士学位的青年学者交谈,谈到编写一部中英文药用植物专著的设想与宏愿。

肖培根说:"迄今中药典籍外文版甚少,致使外国人对中药的了解挂一漏万;同时,国外植物药的状况,中国人也难以窥其全貌。编纂《当代药用植物典》的目的之一,是要让西方人了解中国,也要让中国人了解世界。香港作为国际信息中心,是对外展示中医药的窗口与东西文化交流的桥梁,在此地完成一本这样的中英文版巨著有着得天独厚的条件。"从这天起,肖培根和赵中振便开始了一项卷帙浩繁的工程。从书的整体设计、药用植物品种选择到样稿的审定,无不倾注着肖培根的心血。他身体力行亲自带领青年学子远赴欧洲,进行西方草药的考察与拍摄;他殚精竭虑,如春蚕吐丝般地将自己宝贵经验与心得,倾注到每篇文稿的评注之中;他的无私精神、他的人格魅力,使许多中外学者,投入到了这部惠及世界的鸿篇巨制之中。

《当代药用植物典》的内容分为名称、概述、原植物照片、药材照片、化学成分与结构式、药理作用、应用、评注、参考文献等9项。共收载世界范围内常用药用植物500条目，涉及原植物800余种。全书共分为四册，第一、二册为东方篇，以东方传统医学常用药为主，如中国、日本、朝鲜、印度等；第三册为西方篇，以欧美常用植物药为主，如欧洲、俄罗斯、美国等；第四册为岭南篇，以岭南地区出产与常用的草药为主，也包括经此地区贸易流通的常见热带与亚热带药用植物。

翻开《当代药用植物典》，给读者留下的第一印象便是图片的震撼力。全书共收录图片1358张，其中植物图片763张、药材图片524张、种植基地图片71张。反映自然生长环境以及特殊采收加工的照片也收录其中。

为了《当代药用植物典》走向世界，除了要有真实、可靠的数据外，也需要流畅、专业的语言载体。英文版绝不是简单的对中文版的直接翻译。在编辑英文版的过程中，不仅弥补了中文版的一些不足，而且增加了一些新的药用植物品种。为方便西方人理解，还适当地补充了背景知识。可以说，《当代药用植物典》英文版的编撰，是一次再创作的过程。

《当代药用植物典》中文版（简繁体）出版之后，得到了陈可冀、孙汉董、姚新生、李连达等院士和众多专家学者、医药工作者的好评。在国外，德国慕尼黑大学 Hildebert Wagner 教授、美国哈佛大学医学院 David M. Eisenberg 教授、德国柏林的 Paul U. Unschuld 教授、世界传统药物学会主席 Michael Heinrich 教授、全球中药大联盟主席耶鲁大学郑永齐教授等，在认真评阅英文书稿后，也先后撰文予以推荐。WHO 西太区主任 Samdan 博士看过此书赞不绝口，当即购买一批《当代药用植物典》英文版，赠送给有关国家的政府机构和学术部门，希望大家能以此书为范本，提高当地的药用植物研究水平。

《当代药用植物典》2008 年荣获第七届（2007 年度）二十二种"引进版科技类优秀图书"之一，是这类优秀图书著作中唯一的香港作品。2011 年,《当代药用植物典》荣获了第二届"中国出版政府奖"。

延年中药

肖培根与"长生不老药"结缘还是在懵懂的童年。那时为躲避因失业而脾气暴躁的父亲，他常常跑到院子里，领着几个小伙伴，木箱为船、木棍为桨，憧憬着划到天涯海角，寻找长生不老的仙草神药。大学毕业奉调北京，冥冥之中走进药用植物世界，更不可思议地开始了"仙草"——人参的研究。

1954年至1957年，肖培根对我国东北地区的野生人参进行过多次的专门调查，其中1956年、1957年，曾在辽宁桓仁县和吉林抚松县的四个不同地点，调查和观察了28株野生人参在自然条件下的生长情况，并做了有关自然环境、植被和根系等方面的初步研究工作。考虑到两次调查的面还不够广，观察的项目还不够完善，因此在东北其他地点调查时，他还访问了许多有经验的野山参采挖者，并观察了几处野生人参的迹地作为补充。野生人参的生态调查对摸清人参生长的规律，指导人参的科学栽培，具有极大的实用价值。

细致而敏锐的观察力是科研人员必备的素养。在东北人参产区，肖培根发现中老年妇女大冬天加工人参时，双手整天浸泡在刷洗人参的水中。按理说她们的双手应当粗糙甚至皲裂，但是她们的手却是细腻如少女一般。这给他深刻的启示——人参是绝佳的保健品和化妆品。研究发现,"人参适用于体虚和衰弱的患者,其中在药理方面有一种称为'适应原样作用'(adaptogen),也就是具有双向调节作用。'适应原样作用'是苏联学者提出来的,这个'词'是由肖培根翻译和推介出来的"。

以后,有关人参栽培的研究也是药物所药用植物室和栽培室的研究重点,不断深入开展人参的各个栽培品种和最佳的栽培条件,以及老参地(即已栽培过人参的土地)的利用和平地栽参、林间栽参等的一系列研究。这些科研成果,后来写进了肖培根和同事主编的《人参的栽培及研究》一书中。

流传已久的"东北三宝"——人参、貂皮、乌拉草,头一宝指的就是野山参,它自古以来就是名贵的滋补强壮药材。为了满足市场所需,勤劳智慧的中国人在唐代就实现了人工栽培人参,于是就有了野生的"野山参"和人工栽培的"园参"的叫法。二者在疗效上的争论由来已久,但是没有人能够说得清楚。

人参作为重要的大宗药材,其效力的区别,不仅是学术之争,还关系到广大药农的利益。当年肖培根开展东北野生人参科学研究时,除了苏联的两篇论文外,前人没有留下任何资料可供参考。

1958年,肖培根陪同保加利亚专家伊莉诺娃考察东北野山参，做完详细的植物生态学调查之后，如何比较栽培人参和野生人参的生长速率成了过不去的门槛，他马上想到了求助于数学专家，在中国医学科学院统计室的帮助下，将采集的大量的有关野生人参的资料，进行数据分析，相关论文发表在《药学学报》1962年第6期，50多年来不时有研究者引用。

《中药通报》1955年的创刊号上，发表了肖培根的论文——"东北人参的分布、栽培和加工"。记录了中国人参栽培与加工研究步入了科学的轨道。如今，我国人参的产量已经世界第一了。

沙棘在我国有丰富的种质资源，野生沙棘的蕴藏量是世界上最丰富的。沙棘的果实富含维生素C，果肉中的含量每百克可达到600～1546毫克，可称"天然维生素C之王"。此外，维生素B_1、维生素B_2和维生素E的含量也很丰富。它还含有对心血管具有良好作用的黄酮类化合物，鲜果中总黄酮的含量每百克达118～854毫克，因而已将其开发成治疗冠心病的药物，可增加冠脉血流量，降低血脂，并有抗氧化和抗衰老方面的药理作用。沙棘是作为蒙古族和藏族常用的民族药而收载在《中华人民共和国药典》中，具有祛痰止咳、消食化滞、活血散瘀的功能。

沙棘是集生态保护、医疗保健为一体的宝贵资源。一株5年生的沙棘,一次储存雨水后可对地上部分供水30~40天。沙棘根瘤和弗兰克氏菌共生,弗兰克氏菌的固氮量是豆科植物的1~2倍。沙棘是恢复植被生物链的先锋树种,与沙棘混交的杨树、榆树、刺槐,分别比荒坡栽植的单一树种生长量提高129.7%、110.5%、130%。沙棘能减少泥沙,防止水土流失,是黄土高原天然的生物屏障;在医疗保健方面,它的根、茎、叶、花、果和种子均可入食入药,且营养价值非常高。

肖培根在20世纪50年代即对沙棘留有深刻印象,1983年药植所刚一成立,肖培根制定的"五大开发"中就将沙棘列为开发项目之首。

多年防沙治沙的经验证明,沙棘产业是沙区集生态、经济、社会效益为一身的特色沙产业。目前,我国沙区已形成大面积的沙棘种植资源,沙棘已被广泛应用于食品饮料、医药保健、化妆品、饲料和工业原料等八大类约200多种产品,年产值近20亿元。

经过40多年的努力,琳琅满目的沙棘食品饮料走进了千家万户,既有利于增强了国民的体质,又为产区人民脱贫致富开辟了门路,还促进了防沙治沙工作,可谓一举三得。

同样作为西部大开发的"拳头"产品的宁夏枸杞，在国内外保健食品中的异军独起，肖培根也是功不可没。

20世纪90年代，国家制定了西部大开发的伟大战略。肖培根被聘为宁夏和青海的科技顾问，直接参加了西部大开发。四川、贵州和其他地区有一些与中草药有关的西部大开发的工作，肖培根也都积极地参与。作为宁夏的科技顾问，肖培根第一次访问宁夏，重点考察宁夏枸杞。因为枸杞为宁夏的特产，也是宁夏地区的道地药材。在考察中肖培根问了这样一个问题："宁夏枸杞究竟有多少产值？"他得到的回答是8000万人民币。整个宁夏枸杞的产值还没有超出一个亿？肖培根知道八千万仅相当于一个中小企业的产值。肖培根就对他们说：看起来对宁夏枸杞还应该进行深入开发，综合利用，提高它的附加值，这样就可以把8000万的产值提高到一个亿或几个亿。当然，关键是在搞好一级原料开发，致力于试制出二级开发好的枸杞深加工产品。以枸杞作为主要原料，进一步开展三级开发，创制出新药来。

枸杞具有补肝肾的功效，没有明显的毒副作用，平时煲汤、做菜都放一点，是人们熟悉的滋补中药。深入开发就要从枸杞的饮品或它的有效成分多糖和类胡萝卜素类成分上下功夫。肖培根看到宁夏枸杞研究有很好的基础，如有专门从事枸杞研究的宁夏农林科学院枸杞研究所，宁夏枸杞已经选育出优良的品种，可以使用无污染的培植技术，还得到了绿色食品证书。深入开发需要资金投入，肖培根把这件事记在心里，当得知上海实业集团要找一个好项目时，肖培根就跟他们介绍了宁夏的枸杞。

肖培根这个建议本来是想试试看，没想到上海实业集团行动力极强，一周之内就派出三名博士到宁夏实地考察，很快双方就签订了合作协议，开发出了一个鲜枸杞速溶颗粒剂，使宁夏枸杞的转化有了很好的基础。肖培根还帮他们策划在第一届枸杞文化节期间，举办了一次国际枸杞和抗衰老中药的学术研讨会，邀请了很多国外的专家，比如美国的Etkin教授、日本的难波恒雄教授、瑞典的Bruhn教授、德国的Wagner教授、韩国的Cherl Ho Lee教授和Hoon Park教授，还有来自英国斯洛文尼亚、新加坡等国家的专家学者，以便将影响力扩散到世界各地。

外国专家学者中也有多位是带着质疑而来的——枸杞怎么可以作为保健品呢？印度学者Harsh教授1989年发表的一篇论文，文中说宁夏枸杞的根、茎、叶各部位和它的组培产物，均含有托品类生物碱——阿托品，他还建议宁夏枸杞可作为提取托品类生物碱的新资源。肖培根面对质疑坚信实践是检验真理的唯一标准，他认为宁夏枸杞作为保健中药，我们已经使用两千多年了，大量临床应用也从未发现托品类生物碱副作用的报道。为得出符合事实的结论，为宁夏枸杞正名，他安排弟子彭勇展开"中国枸杞属植物的生药学研究"。

研究工作从查阅文献资料开始。在中国科学院植物研究所国家标本馆，彭勇发现一份中国学者刘慎谔先生于1932年采自印度西部的枸杞属欧枸杞，但是采集印度学者提到的产于印度的宁夏枸杞却困难重重。后来辗转从印度找来的所谓宁夏枸杞标本，与国产的宁夏枸杞做比对，在形态上有很大不同，肯定不属于中国产的种类。彭勇将其与刘慎谔采集并命名的欧枸杞比对，形态一致，属于同种，证实了是Harsh教授的鉴定错误。后来彭勇多次在国际学术会议上，专门就宁夏枸杞与欧枸杞的不同做学术报告，还把研究成果发表在国际学术刊物上，为中国枸杞"恢复名誉"。

进一步的研究表明，枸杞不仅富含油脂、蛋白质、纤维、维生素C、矿物质等营养物质，而且是花青素、原花青素、多糖、精胺和亚精胺生物碱等非营养生物活性化合物的良好来源。如今，枸杞在全球功能性食品市场上可以作为食品或食品补充剂，具有多种生物活性和健康益处，如抗氧化、抗炎、抗菌、免疫刺激、抗糖尿病、神经保护、抗癌、益生元和抗肥胖作用。在意大利，枸杞已被列入具有生理抗氧化特性的食品清单，常见于食品补充剂中。

宁夏政府把发展中药材作为促进经济的主导产业，因此有没有"拳头产品"至关重要。当地的领导常问的一句话就是："肖院士，我们宁夏适合发展什么药材？"经过反复调研，肖培根推荐了种植葫芦巴的项目。

肖培根说："我当时没有马上回答他们，因为我没有做调查研究，我就不能做出准确的判断，不能随便发表意见，我的建议提对了，农民会很高兴。如果我提错了，他们骂我还是小事，使农民和国家蒙受损失才是大事。所以，我从多方面考虑，经过调研后，提出种植葫芦巴的建议。"

葫芦巴为豆科一年生草本植物，全株有香气，花期4—6月，果期7—8月，主产于安徽、四川、河南。中医认为，葫芦巴具有补肾阳，祛寒湿，治寒疝、腹胁胀满、寒湿脚气、肾虚腰酸、阳痿等症。据考证，葫芦巴约在宋朝时引入我国作为中药使用。目前，全世界种植葫芦巴的面积约有5.7万公顷，年产葫芦巴种子约6.8

万吨，其中印度是生产大国，占全球总产量的 2/3。

当初肖培根之所以推荐葫芦巴，是基于以下几方面的原因：第一，葫芦巴生长周期短，1～2 年就可获利；第二，比较容易种植，宁夏的土壤、气候等条件适合其生长；第三，它有多方面的用途，可用作提取薯蓣皂素的原料，还可以用作调香料（大家熟悉的咖喱粉中就含有葫芦巴），它的多糖黏液质胶在多种工业（包括制药工业和化妆品工业）中均有应用；第四，它不仅是中药中的一味补肾中药，而且近年各国的研究表明，它在降血糖和降血脂等方面均有一定的开发前景；第五，它在国际市场上的需求量很大。由于上述多种因素，使得开发生产葫芦巴几乎没有多大的风险，优点也是显而易见的。

宁夏政府对肖培根提出发展葫芦巴的建议很重视，短短几年的时间葫芦巴产量直线上升。现在葫芦巴在宁夏，已经变成几乎可以与枸杞并驾齐驱的产业了。当然，宁夏产区的农民也从中得到了实惠。

别样茶

所谓开门七件事：柴米油盐酱醋茶。当然，做了一辈子药用植物研究的肖培根，对于"茶"是从"药"处着眼。"神农尝百草，日遇七十二毒，得茶而解之。"从20世纪90年代，肖培根开始关注草本茶在治疗与保健方面的重要性并展开了深入的研究，继而提出"别样茶"（Non-*Camellia* Tea）的概念，并指出了别样茶饮发展的四个方向：适口化、保健化、求属化、跨界化。

肖培根"别样茶"的研究范围是"有应用传统，不属于山茶科山茶属的植物，迄今在民间仍广泛用作茶饮的植物"。这些植物饮品人们比较熟悉的有：菊花茶、金银花茶、姜茶、甜茶，以及近年流行的绞股蓝茶、苦丁茶等。为什么他如此关注"别样茶"呢？现代药理和临床研究证明，"别样茶"具有降血压、降血脂、降血糖、抗氧化等作用，是中医"治未病"有效方法，更是应对"亚健康"的良方。同时，"别样茶"对于促进三农经济的发展也极具重要的价值。名叫"苦丁茶"的植物来源，我国竟有7科8属15种之多；名叫"甜茶"者，全国也有10科14属18种植物，因此亟待加以研究整理和规范化。因此，肖培根特别提出：别样茶的应用要建立在严格的科学基础上，成熟一种，肯定一种，推广一种，逐步由少到多，由稀到广。最终将在茶文化的宝库中增添更多宝贵的品种。

肖培根带领团队对全国各地多种别样茶品种进行了广泛收集和研究,根据别样茶富含多酚类化合物的特点,深入研究了别样茶改善调整慢性代谢性疾病的物质基础和机理,在国内外发表了近百篇文章。别样茶与"适应原"植物、补益类中药,共同为慢性代谢性疾病防治与抗衰老研究,开辟了崭新的路径。

在别样茶中,藤茶、老鹰茶、苦丁茶占据重要位置,因为他们都是我国民间流传已久的古茶种。从2010年开始,在肖培根的指导下,由许利嘉、何春年、姜保平等博士开展了藤茶、老鹰茶、黄芩茎叶茶、沙棘茶、雪菊等的研究,已经在基础与应用层面上都取得了可喜的成绩。

藤茶又称野藤茶、白茶、白茶饼,属葡萄科蛇葡萄属的显齿蛇葡萄的多年生藤本植物,是一种名贵珍稀的保健古茶。茶圣陆羽一生嗜茶,精于茶道,在他所著《茶经》中,将其归为新梢枝性状的藤茶类中。我国粤、桂、琼、闽、湘等省区的壮、瑶少数民族和客家人,将野藤茶幼嫩茎叶加工后当茶泡饮,即使烈日炎炎的夏季也数日不馊,称其为"神茶""甘露茶"。根据民间长期饮用实践和现代科学研究证实,野藤茶具有清热润肺、平肝益血、消炎解毒、降压减脂、消除疲劳等功效，尤其对因烟酒过度、油腻过多、肝火过旺引起的身体不适，如咽喉炎、消化功能障碍等症，具有独特而灵妙的保健功效。

现代研究表明，黄酮类化合物为藤茶的主要成分，含量高达45%。对藤茶全面广泛的药理研究发现，其功效主要在以下几个方面：第一，藤茶有非常好的广谱抑菌和抗炎作用；第二，藤茶中的总黄酮能够降低血脂和血糖，对高脂血症和心血管系统疾病能够起到较好预防作用；第三，藤茶能有效清除自由基，显著增强机体的抗氧化能力；第四，藤茶总黄酮可以提高非特异性免疫功能；第五，最新的研究表明，藤茶在体外能够明显抑制肿瘤细胞生长，并且能够防止敏感细胞感染艾滋病病毒。在临床上，藤茶饼用来治疗咽喉肿痛，化脓性皮肤病等。

由藤茶开发出的产品非常多，上市的藤茶产品主要有"茅岩莓茶""龙藤茶""中国京湘片藤茶"等，此外复方藤茶、藤茶含片、藤茶饮料、显齿蛇葡萄果冻、茅岩莓消炎制剂等产品，使得藤茶的开发利用被提升到了一个新的层面。

老鹰茶民间饮用历史已有数千年。相传大禹治水，盛夏过三峡，积劳成疾。神女投梦，嘱其就采茶树枝头老鹰口中所衔之叶泡水饮用。禹循梦行之，牢疾霍然而去，由此得名为老鹰茶。史料证据表明，老鹰茶是始饮于贵州大娄山区古老民族的古茶种。据调查，做老鹰茶用的主要有樟科的毛豹皮樟、川黔润楠、贵州润楠（狭叶润楠）和红果黄肉楠，其中毛豹皮樟为主流品种，分布也最为广泛。在安徽、浙江、福建、广东北部、广西、贵州、河南、湖北、湖南、江西、四川、云南、台湾等地均有分布。老鹰茶的特点是"高数丈，有细白毛"，也称大树茶或白茶。

根据民间反映和调查，老鹰茶汤色金黄带红，有强烈的樟科植物芳香味，性甘凉，能防馊防腐，止泻止嗝，有明显的消暑止渴和消食去胀的功能，是民间一种非常特殊的天然饮料。

现代研究表明，老鹰茶主要含有黄酮类化合物和多酚类成分，且不含咖啡因。它的药理活性主要有以下几个方面：第一，老鹰茶中的黄酮类成分具有明显的抗氧化，预防酒精性肝损伤和抗炎的作用；第二，老鹰茶能够明显降低血糖和血脂，调节脂质代谢；第三，老鹰茶具有抗突变和体外抗癌的效果。

目前，老鹰茶的资源在西南地区以及安徽等地已被开发利用，初具产业化规模，市场上有了不同老鹰茶的产品和饮料。此外，老鹰茶还被用来制作虫茶。将老鹰茶搁置于通气阴暗之器皿中，撒糯米饭少许引诱昆虫取食，自然接种繁殖，经常加料，日积月累自然产生大量昆虫屎粒，经筛选得到均匀灰黑色小颗粒，称"虫茶"或"茶砂"，虫茶的特点是用量极少，色香味极浓，茶渣少，汤色透明纯净，因而备受青睐且价格较老鹰茶昂贵许多。

苦丁茶早在公元25年东汉时期的《桐君录》中就有记载："南方有瓜卢木，亦似茗，至苦涩，取为屑，茶饮，亦通宵不眠。"经考证，瓜卢木即今之苦丁茶，已有近两千年的使用历史，是中国特有的传统纯天然保健饮品。苦丁茶入口味苦、清香、而后甘凉，具有清热消暑、明目益智、生津止渴、降压减肥、抗衰老、活血脉等多种功效，素有"保健茶""美容茶""减肥茶""降压茶""益寿茶"等美称。

近年来苦丁茶异军突起，既是时尚饮品，又是馈赠亲朋好友的礼品。早在2006年，肖培根就安排博士生李丽对苦丁茶进行深入细致的研究。苦丁茶主要分布在长江以南地区，是我国除山茶科茶属茶叶以外的最大类的别样茶品种，是一个极具发展潜力的天然资源。苦丁茶与普洱茶、老鹰茶、绞股蓝、龙井、花茶等混合冲泡时，既有这些茶的香味，又有苦丁茶回甘和润喉的优点。

目前市场上应用的苦丁茶，可归结为两大类：大叶苦丁茶（冬青科苦丁茶冬青 *Ilex kudingcha* 大叶冬青 *Ilex latifolia*，故又可称冬青苦丁茶）和小叶苦丁茶（木犀科粗壮女贞 *Ligustrum robustum* syn. *Ligustrum purpurascens*，故又可称木犀苦丁茶）。

由于长期缺乏系统整理、质量控制及规范化管理，导致其他一些相似的植物也被充当苦丁茶应用。应该从两大类最主要的苦丁茶入手，从植物形态特征、化学成分、质量控制入手，找出它们各自所具有的特征，将两大类主流苦丁茶品种中的混淆品与正品区分；苦丁茶在脂质代谢方面，具有非常重要的应用价值，应该重点在脂质代谢方面对它进行深入的研究。

2006—2010 年，苦丁茶研究组采集和收集了全国范围内的苦丁茶样品 100 多份。品种鉴定后，将它们特征性的化学成分进行比对，并逐步建立了主流品种苦丁茶的质量控制方法。

2010 年，在肖培根的带领下，课题组编写的《苦丁茶研究与开发》一书出版，是我国第一部全面总结苦丁茶研究成果的专著。内容涵盖自 20 世纪 80 年代至 2010

年的有关苦丁茶资源学、生药学、药理学、药物化学和临床医学等多学科的研究成果，不仅对各种苦丁茶的基源、化学成分、药理、临床应用进行了归纳，还对苦丁茶产业的开发提出了质量控制的目标，并对该产业的发展前景进行了展望。《苦丁茶研究与开发》对科学开发苦丁茶资源、规范苦丁茶市场、提高苦丁茶资源利用具有重要参考价值，并且使苦丁茶品种混乱、长期缺乏质量控制等问题逐步得到解决，对企业和研究机构的决策具有指导意义。

2013年，肖培根参加以"健康中国战略实施的突破"为主题的北京香山会议，担任共同主席，会上做"健康系统工程的药食同源：以茶饮为例"的专题报告，总结了别样茶研究的阶段性成果，并展望了未来的发展趋势。近些年来，山西、贵州、广西等多地将药茶作为健康产业发展的品牌产品，全力推动发展，成为各地经济发展的新热点。

再展宏图

1996年，肖培根担任药植所名誉所长。卸下繁杂的行政事务之后，他把主要精力投向中药发展的百年大计之上。二十余年来，他倡导并身体力行完成了中药发展史上三件大事。

一、扛起了"中药可持续发展之路"的大旗

伴随着世界范围"回归自然"与中医药学的热潮，传统中药良好的疗效，较低的不良反应，在全球得到广泛认同。国际大型制药企业竞相在中国设厂，大财团也纷纷介入中药的研发。如罗氏（Roche）、默克（Merck）、格兰素（Glaxo）、拜尔（Bayer）等国际制药企业均在中国设厂；香港的财团也纷纷介入中药的开发，如和记黄埔。与此相对应的是，世界各国对天然植物药的需求每年呈两位数速度增长。中国天然植物药的国内年需求量已高达60多万吨，另外每年还要出口30多万吨。许多人只看到了前所未有的机遇，却忽略了中药资源正在遭受前所未有的破坏。

以利用野生动植物为主的300～400味常用中药的资源问题最为突出，其中100多种出现资源量急剧下降。一些道地药材优良种质正在消失，部分种类衰退甚至濒临灭绝，许多珍稀药用植物，如冬虫夏草、红景天、雪莲，因过度采挖已濒危。人参、霍山石斛等药材

的野生个体已很难发现。近几十年来竟未能发现一株野生三七。野生资源的破坏，正沿着"越贵越挖，越挖越少，越少越贵"的恶性循环而走向衰竭。

与此同时，无论是生物多样性保护还是生态保护，其形势在我国均十分严峻。产自内蒙古、新疆等地的甘草、麻黄、黄芪、防风、发菜等固沙植物，由于滥挖滥采是导致沙化和沙尘暴的原因之一。

野生中药资源虽说品种上万，但资源并不丰富，部分野生中药资源日益减少，造成经常使用的400余种药材，每年有20%的短缺，这又直接影响着国民的用药需求、治疗的效果。

肖培根说："记得我1961年第一次在西藏调查时，冬虫夏草的数量还很多，当地的牧民用他们采挖的虫草换卷烟，大约1斤虫草和我们交换1包卷烟，任何牌子的烟都可以。当时，我们也不认为它有多么名贵。随着时间的推移，虫草愈采愈少，愈少愈贵，愈贵愈挖。目前，虫草1千克的价格已高达万元。现在一名牧民在山上转上整整一天，也仅能采到几根虫草。虫草的命运告诫我们：对于大自然和生物资源的保护是多么的重要！"

越是美好的回忆，越是激励着肖培根为中药可持续发展的百年大计，不遗余力地进言献策。1997年，他受邀参加由国家科委主持的"中药现代化科技产业行动计划"的制定和实施,并受聘成为以"中药现代化基础理论的研究"为核心的国家攀登计划项目组首席科学家。此时,孕育多年的"中药可持续发展之路"的构想也喷薄而出:"我曾积极建议:应该尽快建立起一个'国家中药资源宏观管理系统',来协调管理中药资源的可持续发展。"

国家中药资源宏观管理系统的核心就是:通过现代化的管理,使先进的科学技术与行政管理有机地结合在一起,实现中药资源和经济的可持续发展与富国强民的目的。具体方法是:以群落学、统计学、3S技术和计算机信息系统等高科技技术手段为支柱,建立全国中药资源监测体系和保护体系。该体系,与今天的大数据有异曲同工之妙,不同之处在于二十多年前,肖培根已将其成功地运用于中药资源的宏观管理上了。

中药资源宏观管理系统,大量收集国内外对中药(包括相关产品)的需求动态以及相关信息,包括历年的生产量、需求量、经济蕴藏量、资源再生速率等大量数据,对各种资源作出评估和预计,特别是对那些最常用的中药和珍稀濒危的种类,作出有针对性的发展规划。宏观调控中药资源利用与保护之间的矛盾,做好与自然环境之间的协调发展。中药资源宏观管理系统，将空间数据与属性数据进行综合分析处理，为中药资源监测体系的建立、规划设计、管理决策，提供更加丰富的信息，可以为中药企业及管理部门提供所需的直观的电子信息，最终实现数据化管理，满足各类中药经营管理的需要。

1998年，肖培根与陈可冀、甄永苏、于德泉等14位中国工程院医药卫生学部院士，共同发起建设中药现代化的建议，"中国工程院领导很重视这个意见，并作为重大建议向中央领导报告。现在'中药现代化'已经深入人心，而且以科技部牵头、中央八个部委正式公布了《中药现代化发展纲要（2002—2010年）》（简称《纲要》），为我国中药事业的发展指明了方向。"

《纲要》在指导思想中指出要充分利用中医药资源优势。中药现代化发展的基本原则是"资源可持续利用和产业可持续发展。在充分利用资源的同时，保护资源和环境，保护生物多样性和生态平衡。特别要注意对濒危和紧缺中药材资源的修复和再生，防止流失、退化和灭绝，保障中药资源的可持续利用和中药产业的可持续发展"。

回顾发起参与《纲要》的制定与中医药事业的发展

前景，肖培根信心满怀：

"我积极建议在执行《中药现代化发展纲要（2002—2010年）》时，在致力于提高我国中药产业现代化的整体水平的同时，需要安排一定的力量同时发展资源的宏观调控和可持续发展（生态化）、中药基因组学（创新化）和中药信息化和智能化（信息化、网络化）等属于知识经济方面的内容，使我国中药事业不仅能够代表国际先进水平，而且可以为人类的健康作出最大的贡献。应该根据市场经济规律，扶植并建立少数强强结合的实体，在中医药领域内，大力引进优秀的技术人才，如应用数学、信息技术、人工智能、生物技术、基因芯片、植物生态等领域的优秀人才和中医药方面的优秀人才，共同担任一些关键性的重大项目，并通过工作进行学科间的渗透和磨合。中国医药学是一个伟大的宝库，中药现代化的战略与战术应用得当，中医中药在21世纪中的再度辉煌是大有希望的！"

二、国家药用植物园体系建设

从先农坛的苗圃，到西北旺的试验场，再到国家药用植物园体系建设，肖培根与药用植物园结下了终生的情缘。

1979年，肖培根奉派到日内瓦的WHO总部工作,此行给他留下印象最深的是慕名已久的邱园(Kew Gardens)。

邱园,位于伦敦西南部的泰晤士河南岸,是久负盛名的世界著名植物园和植物分类学研究中心。邱园始建于1759年,初期只有3.6公顷,经过200多年的发展,已扩建成为面积120公顷的规模宏大的皇家植物园。园内建于1844—1848年的巨型棕榈温室(Palm House),是现存最大的维多利亚时代的玻璃温室,热带植物种类繁多。邱园也是植物博物馆,生态环境非常优美,徜徉其间,肖培根多么希望中国也有这样的植物园,多么希望中国的药用植物研究者也有这样的一片天地啊!

梦想伴随药植所的诞生而逐渐实现。1986年,药植所成立的第三年,工程浩大的药用植物园建设开工了。肖培根的设计理念是"园林外貌、科学内涵、民族特色"与"物种保存、科学研究、文化传播、观光养生"和谐共融。全园占地300余亩,由11个园区组成。收集保存4000种35000份药用植物种质资源,已迁地保护保存药用植物1500余种。重要物种有:铁皮石斛、金线莲、人参、枸杞、丹参、灵芝、地黄等。人们漫步在假山、长廊、水榭、小桥之间,曲径通幽,流连忘返。作为一个面向世界的窗口,药用植物园通过大量活体植物标本，全面展示中国传统医学的悠久历史和丰富的药用植物资源，发挥沟通国内外药用植物研究的作用，已跻身世界五大药用植物园之列。

20世纪90年代，随着国内外的"中药热"，如何有效地开展药用植物种质资源的保护，引起肖培根的高度关注，因为药用植物是国家重要的生物战略资源，药用植物园是药用植物多样性保护和可持续开发利用的最有效方式，对于搜集保存和迁地保护药用植物物种，展示我国传统中医药文化，服务"三农"经济等方面都有着无可替代的作用。

肖培根在努力办好本所的北京药用植物园和云南西双版纳、海南万宁两个分所植物园的同时，打破条块分割的思维模式，从20世纪90年代开始，率先与广西药用植物园和新疆药用植物园建立了全面合作联盟，成立了广西分所、新疆分所，形成了地跨五省、南北兼顾的格局，继而提出中国药用植物园体系建设的思想。肖培根指出：如果能建设一个全国范围的保护体系，就能有效地保护我国的中药资源。

据统计，我国大概有38所专业药用植物园。它们分属于中央直属或地方农林单位、科研院校、医药企业等不同机构，几乎遍布我国所有省、市、自治区，引种保存全国本土药用植物7000余种，约占我国药用植物资源的63%，其中珍稀濒危物种200多种。比较知名的有中国医学科学院药植所的北京药用植物园、广西药用植物园、西双版纳南药园、海南兴隆南药园、重庆药用植物园、贵阳药用植物园等。其中，属于高校的药用植物园有20多所。另外，有35所植物园中设有药用植物园或草药园。除此之外，还有一些民营企业已建或在建一批药用植物园或特色草药园。药用植物园在我国药用植物种质资源的保存、保护和利用上发挥了重要作用，同时也是医药类大中专院校学生和相关企事业单位专业人员必要的实习场所，在弘扬中医药文化和建设城市生态环境上也作出了突出贡献。

2008年12月，肖培根高屋建瓴地提出"建设国家药用植物园体系"的宏伟构想：药用植物种质资源是国家重要的生物战略资源，物种和生物多样性的保护是基础。构建国家药用植物园体系，建立规范和标准，是时代的需要和行业的需求。

2013年7月29日，由药植所牵头举行的"国家药用植物园体系建设研讨会"隆重召开。从黑龙江哈尔滨到海南兴隆，不同系统、不同省份的22个实力雄厚、各具特色的药植园代表，在北京西藏大厦胜利会师，会上一致通过了"国家药用植物园体系建设的总体思路"方案。体系由主体园、共建园和联系园三部分构成,各园之间相辅相成、协同发展、互通共享、相互促进、逐步完善,大家携手并肩,共同推进国家药用植物园体系的圆满实现。

全体代表就推动国家药用植物园体系建设的近期规划,达成六点共识:第一,推动在中国工程院或国家中医药管理局层面上的国家药用植物园体系建设,扩大国家药用植物园体系的国内外影响;第二,建成国家药用植物园信息共享平台,实现各园信息和物种的无障碍交流;第三,制定"药用植物园体系建设管理规范",促进各园规范建设;第四,进一步明确各药用植物园定位、特色,特别是特色和重点保存物种、特色保存方式,促进各园特色发挥,增强实力,大幅增加保存物种数量;第五,制定国家药用植物园体系宣传方案,提升各园影响,争取更多支持,更好地服务国家和地方;第六,探索更加符合市场规律的药用植物园服务和商业模式,促进各园持续发展能力的提升。

目前,"国家药用植物园体系建设"正沿着肖培根的设计思路顺利推进,已经有跨行业、跨地区、遍及全国的38家药用植物园加盟。

三、药食同源

我国民间素有"药补不如食补"的说法。中国从南到北，祛病强身美颜的食物不计其数，琳琅满目的养生美食、保健食品，制作者到底使用了多少种药材无法统计，哪些药材可以使用、哪些药材不可以使用也没有明确规定。在处方药与非处方药已经泾渭分明的时代，在保健食品中使用药材，如果没有科学的界定必将贻害无穷。

2002年2月，《卫生部关于进一步规范保健食品原料管理的通知》发布，颁布实施《既是食品又是药品的物品名单》《可用于保健食品的物品名单》《保健食品禁用物品名单》。这三个名单综合了中药使用历史、国内产业发展现状、维护人民健康的现实需求等多方面因素，经过各领域专家缜密研究共同起草而成，明确规定了中药原料在保健食品中的使用范围，是我国中药产业和保健食品产业发展的里程碑。三个名单沿用至今，其安全性和有效性获得了广泛认可，为"健康中国"战略出台和大健康产业的蓬勃发展奠定了坚实的基础。对此，肖培根和他的团队功不可没。

中医在发展的历程中，一直提倡"医食同源，药食同用"，常见的有药粥、药菜、药茶、药酒等。中医在数千年的生活实践中，积累了丰富的经验，总结出很多有益于养护身体的药膳食谱。比如山药粥、茯苓粥、枸杞羊肾粥、绿豆粥、红枣木耳汤等。著名医药学家孙思邈说过："夫为医者，当须先晓病源，知其所犯，以食治之，食疗不愈，然后用药。"

哪些中药是可以药食两用的？哪些中药可以作为保健食品？哪些中药在保健食品中是禁用的？这些都缺乏明确的概念。卫生部（现国家卫生健康委员会）对这个问题很重视，卫生部食品卫生监督司专门设立了一个研究课题，由肖培根、冯毓秀、郭宝林、彭勇、党毅、谢宗万、郝近大、黄璐琦八人组成了一个研究小组，专门就"既是食品又是药品的物品""可用于保健食品的物品"和"保健食品禁用物品"三个研究课题开展研究，经过两年的紧张工作，研究小组提交了一个适用于保健食品的品种名单。2002年2月，卫生部公布的"适用于保健食品物品和保健食品禁用物品名单"，就是以他们的这项研究成果为基础制定的。这是我国千百年来第一次对"医食同源，药食同用"理论与实践的科学总结，从此对药食品种有了科学的界定与使用规范。

肖培根对保健食品的研究没有停留在理论上，他身体力行参与技术开发：浙江有一个生产黄岩蜜橘饮料的饮料厂，想开发更多的产品，请肖培根出主意、想办法。肖培根根据人们喜欢的口味和保健功能，试制出一种叫"碧茶猕猴桃"的饮料，用新鲜的猕猴桃榨汁，再与新鲜的绿茶提取液混合，口感很好，在市场上小规模销售后，得到了广泛的好评。他还在罗布麻茶的基础上研制开发了一种新的降压茶。玫瑰茄、广西甜茶等都含有多酚类成分，对于与高血压有关的酶有作用，以罗布麻、玫瑰茄、甜茶为主要原料，试制成了降压茶，口感很好，药理实验证明效果也不错。

肖培根研发的保健食品，既有中国特色也有国际色彩。在他率领下，研究组把国外有提高机体免疫功能的草药紫锥菊和中国传统医学认为有提高免疫功能的黄芪配伍，做成保健食品。在临床试用阶段，对于感冒初期和感染性疾病都起到了防止感染、增强机体抵抗力的作用。中成药里有一个抵抗外邪的方剂叫"玉屏风散"，依照此名，肖培根给紫锥菊和黄芪结合的保健品起了一个响亮的名字"金屏风胶囊"。

桃李芬芳

培养好学生是肖培根对国家中医药事业可持续发展的一大贡献,直至耄耋之年他依然把培养人才作为主要工作。从 20 世纪 80 年代初开始带研究生,他已经培养博士和硕士研究生 104 名,其中博士生 86 名。他像当年老师对自己一样对待自己的每一个学生,既传道授业又解惑,言传身教以身作则,成为学生的人生导师。

2003 年,肖培根从事科研工作 50 周年时,他的学生们从全球各地聚集老师身边。学生们英姿勃发、踌躇满志,大多已成为各自工作岗位的骨干。学生们对恩师的赞誉凝聚成八个字:学通古今,桃李天下。

肖培根的学生常说,作了他的学生,处处有人"关照"。如今已是博士生导师的 1996 级博士郭宝林说:"记得入学后第一次野外样品采集之前,对未来的任务极其茫然。同事说:肖老师的学生没什么可担心的。到了峨眉、重庆、南川、康定、武汉,果然无数人伸出援手。在学术界的同行中,我时时因为是肖老师的学生而享受着敬意和重视。"

2005 级博士李旻辉回忆说:"2006 年 4 月的一天,肖老师把我叫到他的家中,笑着问我对鼠尾草属植物分类的知识掌握得如何,我当时感觉自己学的还行,就告诉他应该没什么大问题吧。他建议我去药植所的药园里辨认哪些是鼠尾草属的植物，我胸有成竹地来到了药园时，才发现遇到了真正的难题。除了能分辨出丹参，对本属其他物种的分辨都模棱两可。第二天我就又和肖老师交流了一下，他告诉我只有到野外边采集样品边学习，才能对植物分类知识有更深入的理解。令我感激的是肖老师一口气给我写了六七封推荐信，让我在采样遇到困难时可以找植物研究的前辈寻求帮助。2006年5月，我踏上了采样的道路。第一站来到了江苏省中国科学院植物研究所，在陈重明老师的帮助下，我采到了第一个样品荔枝草。我接着去了浙江的天目山，安徽的黄山、大别山区，重庆的金佛山，陕西的太白山，湖北的神农架自然保护区，四川的卧龙、海螺沟自然保护区，云南的丽江、中甸、西双版纳……五年间，我跑遍了中国15个省、市、自治区，行程几万公里。对'丹参'类与'非丹参'类药用植物类群进行了深入的研究，同时对唇形科多个类群进行了传统药物学方面的调查。在此期间，我又结识了许多老师、学长。"

年轻人富有幻想，但现实冷酷的一面又常常令他们不知所措，甚至迷失方向。此时，最需要"贵人"指明方向。肖培根回忆道：

"我从1982年开始招收硕士研究生，第一批两名，其中一名是于津，她是北京中医药大学的高才生，我安排她的论文题目是'芍药科药用植物的研究'。她开始很不以为然地说：芍药类植物前人已经做过大量的工作，我们大概没有多少工作可做了！哪知她愈做愈有劲，最后在《药学学报》《植物分类学报》等杂志，发表了五六篇有关芍药和牡丹的学术论文，成了这方面的专家。"

2007级博士何春年对老师的感激之情溢于言表："硕士毕业后，我留在药植所工作，工作过程中发现自己的专业知识不够全面，思路和视野也受到局限，我决定继续在职攻读博士学位。这一次我终于如愿以偿地跟随肖老师了。当我的课题初步确定做芍药属植物的亲缘学研究后，一开始就遇到了困难：芍药属的研究已经有一百多年了，研究也很深入，况且20世纪80年代初师姐于津就做过，那我还能怎么做？还没等我找肖老师诉说困惑，他倒是先和我谈起这个问题：芍药属是一个特殊的类群，有很多问题没有搞清楚，记得当初于津在开始做芍药属时说，人家都已经把芍药属研究那么多了，我们恐怕没有什么值得研究的了。后来她发表了好几篇有影响的文章，并且越做越觉得有意思。现在二十多年过去了，出现了新的方法技术，然而有些问题依然没有解决。芍药属虽然是个小的科属，但是不止一两个博士生可以做，恐怕再有8个博士生都有的做。听了肖老师这一番鼓励的话后，我进行了实验设计，打算用植物代谢组学的方法来研究，当我把研究的初步方案交给肖老师后，肖老师很快给了我答复：认为代谢组学研究比较新颖，也是当前的研究热点，是一个很好的研究手段。就我们来说，在可行性方面还有一些问题，如芍药属植物很多种是濒危物种，分布环境也很偏远，样品来源很困难，样品之间缺乏可比性，而且又是多年生的，人工培育更谈不上，预期最后难以取得可靠的结果。经过肖老师的一番分析后我才明白，做研究是永无止境的，但也不能一味跟着热点走，要切实可行的结合自己的实际问题展开。不久后我就收到肖老师给我查的最新文献资料，每份都装订好，并写上大概内容和值得注意的地方，同时为我多方联系实验用样品。这些看起来不起眼的细节，却让学生们感激不已，毕竟肖老师年事已高，事务又多，还利用网络数据库为我们学生查找文献，并且每篇文献都阅读批注。"

作为博士生，毕业论文既要扎扎实实，还要有所创新，因此，在完成毕业论文过程中遇到困难，既是考查学生，也是检验导师。在肖培根的学生中有多位的毕业论文获得教育部的优秀博士论文奖。一份优秀的博士毕业论文，凝聚着师生共同的心血。

如今也是研究生导师的2003级博士许利嘉，说起老师也是感激之情溢于言表："2003年肖老师从事科研工作50周年时，我作为学生代表为肖老师献花的情景还在眼前，当时因为课题合作需要，我被安排在香港理工大学深圳研究院进行博士课题研究。基于五味子科植物丰富的结构和多样的活性，肖老师高瞻远瞩地给我定了博士论文研究方向，即五味子科植物活性成分的研究，选择的对象分别是铁箍散和异型南五味子。离开北京刚到深圳的那段日子，因缺乏经验，实验进展缓慢。加上对深圳这个陌生城市的不适应，我常常急得偷偷抹眼泪，为什么我做的五味子只有酸和苦，却没有甜？那时的我既怕又盼肖老师来深圳指导工作。怕的是实验几乎毫无进展而无颜面对肖老师，盼的是能有机会面对面坐下来向肖老师倾诉我的问题。事实证明，每次肖老师到深圳的工作指导都像一场及时雨。根据肖老师提出的'不要为了拿化合物而去分离化合物，重点应该结合活性来寻找有效成分，这样做科研就不会踏空'的观点，我进入了'越做越起劲'的状态。先后从两个植物中分离得到了近50种单体化合物，其中包括20种结构新颖的木脂素和三萜类化合物,并结合体外抗肿瘤和抗氧化的活性筛选结果,在 *Planta medica*、*Helvetica Chimica Acta*、*Chemotheropy* 以及 *Chemical Pharmaceutical Bulletin* 等杂志发表了一系列文章。同时,肖老师还专门帮我联系了生物技术研究所的抗病毒专家陈洪珊教授,亲自领着我去陈老师家拜访。通过与陈老师课题组的合作,我们对分离出的木脂素和三萜类化合物进行抗 HIV 活性的筛选,在筛选中发现了新三萜类化合物 kadsuranic acid A 具有较好的抗 HIV 作用,由此申请了国家专利'一种 C3,4 位断环三萜类化合物及其在防治艾滋病中的应用'并获得授权,同时也在《药学学报》和 *Chemistry & Biodiversity* 杂志上发表了相关论文。"

2005 级博士生邹小兴,在完成毕业论文时遇到的困难更大。由于采样遇到困难,博士二年级时不得不更换研究课题。正当他彷徨无助、看不到前进的道路时,肖老师及时给他指明了方向,确定新的课题为苍术属植物药用亲缘学研究,并详细地为他分析了当前苍术属植物分类学上存在的问题,引导他以苍术属植物分类学研究为主线,采用形态、解剖、分子生物学和化学成分分析等多种手段相结合的方法,对苍术属植物药用亲缘学开展深入的研究,使邹小兴的研究思路顿时开阔起来。肖老师还在百忙中抽出宝贵的时间，帮他联系研究单位，并且亲自领他与相关领导和老师见面，商讨研究方案。"感人心者，莫先乎情。"肖老师这种事无巨细对学生的关心深深感染了邹小兴，使他在今后的教学岗位上，时时以肖老师为榜样，力争成为像肖老师一样的优秀教师。

2006级博士生曹聪梅回忆说："入学后，博士课题初步定为金粟兰科植物的研究。我之前硕士课题是关于植物化学成分的研究，于是迅速锁定在植化上，通过查阅了相关文献，准备结合原植物的采集情况，确定1～2个种进行研究。很快，就收到肖老师的亲笔信，答复我的选种计划，结合药用记载和民间应用情况，将我局限在植化范围的小思想第一次拔高。基于该科药典所收载的草珊瑚的研究现状和分布局限，确定本属植物分类学有争议、分布上有交叉的海南草珊瑚为首选研究对象。肖老师肯定并鼓励我主动思考，并且耐心地手写了几页纸引导我。这封信我一直带在身边。博士课题的前期，我总是很迷惑，而且金粟兰科特征倍半萜，在萜类可以富集的部位却找不到。我开始怀疑这个选题，并再一次写邮件向肖老师表达了我的迷惑。某天早晨8点钟左右，突然接到肖老师的电话，要帮我剖析这个课题的走向。于是就有了'从海南草珊瑚的化学成分入手,以点带面,比较草珊瑚属这两个种的区别,然后提高到属间差异,甚至之后的科间差异'这条主线。经过肖老师的提示,我豁然开朗。不是盲从新动向,而是结合现状和优势,找自己独特的切入点。

"2009年毕业后,我决定赴美学习。临行前,肖老师叮嘱我照顾好自己,并帮我剖析了当前及将来的优势劣势,鼓励我按自己的想法前进,最后又嘱咐了一些当地可能的情况。和这样一位慈祥的长者告别时,我不禁落泪。"

1982年肖培根担任研究生导师之后,他曾经多次被评为中国医学科学院中国协和医科大学"教书育人、服务育人先进工作者"。在教书与育人上,肖培根堪称楷模。

由于药植所与澳大利亚墨尔本药学院开展合作,肖培根选送于津和付善林到墨尔本药学院继续攻读博士学位,哪知于津到墨尔本后不久,却因生活不习惯而度日如年,即使博士不读了也一定要回北京,甚至连回程的机票都买好了。肖培根听到消息后,不仅亲自与她的导师联系沟通做工作,而且动员药植所和于津要好的同事们分别写信给她,希望她能克服困难,坚持完成学业。

渐渐地,于津情绪逐渐缓解,也习惯了那里的生活,完成了博士学业并顺利毕业。

1996级博士生陈四保,将老师当作人生的指路人:"1996年,我考上肖老师的博士研究生,由于有了老师的精心指导,我于1999年7月取得博士学位。博士毕业后,看到大多数的师兄师姐纷纷出国,我在所里如坐针毡,对前途和未来依然朦胧。肖老师似乎看透了我的心事,勉励我无论在什么处境下,都要做好当前的事情,然后寻找其他的机会和突破。他形象地比喻为——骑马找马。肖老师的话安抚了我躁动的心,并顺利地完成了重点项目'中药材道地性系统研究——当归、丹参'的采样工作。2000年年初,在肖老师的帮助下,我来到香港浸会大学工作。"

如今已经是中南民族大学药学院教授、湖北省毒理学会副理事长的廖矛川,1984年考上肖培根的硕士生。从他来到北京,到读完博士、博士后,直至到武汉顺利发展,每一步都浸注着老师的心血:"我是肖老师最早的研究生之一。当时研究所刚刚成立,肖老师是所长,工作非常繁忙,但老师对我们研究生十分关心,从论文选题、具体研究过程等都是亲自指导。那时候研究所条件不是很好,我们在实验中遇到困难老师都及时想办法解决。我本科是学药物合成的，对药用植物了解不多，有关知识大都要从头学起，所以肖老师指导我的时间比其他研究生更多。特别是野外采样，老师考虑非常周到，亲笔写信联系当地的熟人当向导，能更快地找到产地采到实验样品。为了我更好地完成论文，老师还请研究所刘永漋老师，指导我化学成分的分离与鉴定。在肖老师的精心指导下，我喜欢上了这个专业，顺利地完成了硕士研究生学习任务。毕业后联系到中国科学院武汉植物研究所，从事药用植物的研究工作。

"1992年，我再次来到肖老师身边深造，开展博士研究生的学习与研究工作。3年博士学习期间从老师那里学到了很多很多，在肖老师指导下，申请得到国家自然科学基金，对我国小檗科植物从资源、化学成分、药理作用及化学分类进行了系统研究。博士毕业后，肖老师推荐我到北京医科大学做博士后，继续开展小檗科植物的研究工作。研究重点转向药用植物资源的开发与利用，特别是中药新药的研发。1998年博士后出站，联系到上海市计划生育科学研究所国家计划生育药具重点实验室，从事与计划生育相关的中药研究。2006年，我来到中南民族大学，从事民族药物的研究与开发，近几年国家对民族药物的研究非常重视，出台了不少激励政策，相信在'十二五'会有较大的进展。"

聚时一团火，散开满天星。谈起学生是肖培根最高兴的事情：在国内的许多学生已是学术带头人和研究生导师了，他们都已经很好地接棒继续药用植物的研究工作，成为研究所或教学的中坚力量了。在国外的以美国最多，有20多人。有人戏称：我们在美国也已经可以办一个很有水平的药用植物研究所的分所了！